Wrabetz

Die Stellenbeschreibung

Wolfgang Wrabetz

Betriebswirt (grad.)

Die Stellenbeschreibung

Ein Leitfaden für die Praxis

Betriebswirtschaftlicher Verlag Dr. Th. Gabler · Wiesbaden

ISBN-13: 978-3-409-38051-5   e-ISBN-13: 978-3-322-84314-2
DOI: 10.1007/978-3-322-84314-2

Copyright by Betriebswirtschaftlicher Verlag Dr. Th. Gabler, Wiesbaden 1973

Inhaltsverzeichnis

Vorwort 7

1. Einführung 9
2. Begriffserklärungen 11
    2.1. Der Begriff „Stelle" 11
    2.2. Der Begriff „Stellenbeschreibung" 14
3. Form und Inhalt der Stellenbeschreibung 19
    3.1. Vorschläge zu Form und Inhalt der Stellenbeschreibung in der Literatur 19
    3.2. Eigener Vorschlag zu Form und Inhalt der Stellenbeschreibung 21
4. Aufgaben und Anwendungsmöglichkeiten der Stellenbeschreibung bei der Lösung ausgewählter Probleme in einzelnen Teilbereichen der Unternehmung 33
    4.1. Aufgaben und Anwendungsmöglichkeiten im Bereich der Betriebsorganisation 33
    4.2. Aufgaben und Anwendungsmöglichkeiten im Bereich des Personalwesens 48
    4.3. Hinweise und weitere Aufgaben und Anwendungsmöglichkeiten der Stellenbeschreibung 59
    4.4. Aufgaben und Anwendungsmöglichkeiten im Hinblick auf die Vorschriften des Betriebsverfassungsgesetzes 60
5. Praktische Einführung von Stellenbeschreibungen in einer Abteilung eines Versicherungsunternehmens 63
    5.1. Problemstellung 63
    5.2. Gang der Untersuchung 66
    5.3. Kurze Darstellung des untersuchten Unternehmens 67
    5.4. Wesentliche Voraussetzungen zur Durchführung der Aktion . 70
    5.5. Die Beschaffung von Informationen für die Stellenbeschreibung 75
    5.6. Die Erstellung der Stellenbeschreibungen 83
    5.7. Einführung und zukünftige Aktualisierung der Stellenbeschreibungen 88
6. Schlußbetrachtungen 91

Anhang
    Verschiedene Stellenbeschreibungen 93

Literaturverzeichnis 131

Vorwort

Mein Interesse an der Thematik des vorliegenden Buches erklärt sich teils aus praktischen Erfahrungen im Betrieb, teils aus personalwirtschaftlichen Vorlesungen und Seminaren, an denen ich während meines Studiums am Fachbereich Wirtschaft der Fachhochschule in Frankfurt (M) teilnahm.

Diese Doppelseitigkeit des Interesses kommt auch in der nachfolgenden empirisch-theoretischen Untersuchung zum Ausdruck. Sie versucht im ersten Teil (Kapitel 1 bis 4) nach der Klärung themenrelevanter Begriffe, das Instrument "Stellenbeschreibung" zunächst theoretisch zu fixieren. Hierzu gehört die Erarbeitung eines eigenen Vorschlags zu Form und Inhalt von Stellenbeschreibungen und die Erörterung ihrer wichtigsten Einsatzmöglichkeiten in verschiedenen Teilbereichen der Unternehmung.

Obwohl dieser erste Abschnitt zur Schaffung von Grundlagen zwangsläufig primär theoretisch orientiert sein muß, wird jedoch schon hier - wann immer möglich - die Perspektive praxisbezogener Anwendbarkeit einbezogen.

Dieser Komplex wird durch Hinweise auf Sachzusammenhänge ergänzt, die sich bei der Erfüllung von Vorschriften des neuen Betriebsverfassungsgesetzes für die Stellenbeschreibung ergeben können.

Der zweite Teil (Kapitel 5 und 6) stellt den Versuch dar, eine von mir selbst im Betrieb durchgeführte Aktion zur Beschreibung von Stellen wiederzugeben. Der darin aufgezeigte Lösungsweg kann für Betriebe, unabhängig von deren Branchenzugehörigkeit, als Information, Anleitung und praktische Orientierungshilfe dienen, wenn sie beabsichtigen, die Stellenbeschreibung einzuführen.

Das Buch wendet sich daher einerseits an Praktiker, die sich über das Instrument der Stellenbeschreibung informieren wollen oder gar selbst an deren Erarbeitung in einem Betrieb beteiligt sind.

Darüber hinaus wird das Buch auch für Studenten der Wirtschaftswissenschaften und angrenzender Fachbereiche von Interesse sein, insbesondere dann, wenn diese sich im Rahmen einer speziellen Betriebswirtschaftslehre das Organisations- bzw. Personalwesen zum Fach gewählt haben.

Für Informationen und sachliche Kritik aus allen Leserkreisen bin ich jederzeit sehr dankbar, da ich auch weiterhin an der hier vorgestellten Problematik interessiert bleibe.

Mein aufrichtiger Dank gilt Herrn Dipl.-Kfm. Klaus MALINOWSKI für die kritische Durchsicht des Gesamtmanuskripts. Seine sachkundigen Hinweise und Vorschläge konnten an vielen Stellen in die endgültige Fassung übernommen werden.

Außerdem habe ich besonders Fräulein Stud. päd. Iris PETZNY zu danken. Sie nahm die Korrektur des Manuskripts vor und fertigte es anschließend mit viel Fleiß maschinenschriftlich an. Ihr verdanke ich auch eine Reihe wertvoller Formulierungshilfen.

Bad Soden am Taunus
im September 1972   Wolfram Wrabetz

1. Einführung

Die Methoden intuitiver Unternehmensführung verlieren heute ständig an Einfluß und Überzeugung und sind schon fast historisch zu nennen. Das moderne Management bedient sich regelmäßig der P l a n u n g , O r g a n i s a t i o n u n d K o n t r o l l e als Instrumente rationeller Führung.

Ein solches Mittel der Planung, Organisation und Kontrolle ist auch die Stellenbeschreibung. Sie läßt sich nicht unmittelbar eindeutig einem der drei Instrumente zuordnen, da sie aus jedem Elemente enthält und planerische, organisatorische und kontrollierende Aufgaben erfüllen kann. In welcher Weise sie innerhalb dieses Instrumentariums zur Lösung betrieblicher Probleme beitragen kann, wird im Folgenden ausführlich darzustellen sein.

In der betriebswirtschaftlichen Forschung der letzten beiden Jahrzehnte haben sich die Prioritäten ständig mehr zu Methoden mathematischer Problemlösungen verschoben. Ohne deren Erfolge und Notwendigkeiten zu bestreiten, muß man aber auch ihre Grenzen erkennen. Sie liegen regelmäßig dort, wo es sich um Aufgaben handelt, die nicht zu quantifizieren sind. Dies ist oft dann der Fall, wenn P e r s o n e n im Mittelpunkt der Problemstellung stehen.

Deshalb dürfen unter keinen Umständen d i e Forschungs- und Anwendungsgebiete vernachlässigt werden, die durch v e r b a l e Inhalte und Aussagen gekennzeichnet sind. Beide Richtungen, mathematische und verbale, sind notwendig und ergänzen sich dort, wo eine allein nicht in der Lage ist, mit ihren Mitteln brauchbare Lösungen bereitzustellen.

Ein solches v e r b a l e s Studienobjekt ist die S t e l l e n b e s c h r e i b u n g . Ihre Aussagen, ihr Inhalt und der überwiegende Teil ihrer Anwendungsgebiete sind nicht durch Berechnung oder Programmierung zu ersetzen.

Ihre Hauptaufgabe besteht darin, alle relevanten Gegebenheiten und Zusammenhänge einer Stelle deskriptiv zu erfassen und darzustellen. Unter G e g e b e n h e i t e n ist dabei alles zu verstehen, was die Stelle charakterisiert und zur Lösung der Aufgaben, die mit ihr verbunden sind, notwendig ist. Die Z u s a m m e n h ä n g e zeigen die vielfachen Verbindungen zu anderen Stellen und die Eingliederung in die Betriebsorganisation.

Eine solche exakte Analyse und schriftliche Fixierung möglichst aller Stellen im Betrieb gibt wichtige Informationen für die verschiedensten Bereiche und Entscheidungen in der Unternehmung.

Nur im Kleinbetrieb ist es der Geschäftsleitung noch möglich, einen ständigen Überblick über die Stellen und die Art der Aufgabenerfüllung durch deren Inhaber zu behalten. Dieser Überblick ist aber notwendig, wenn ein reibungsloser Ablauf und eine sinnvolle Weiterentwicklung der Geschäftätigkeit gewährleistet werden soll.

Für das Groß- und Mittelunternehmen ist es daher ein höchst wünschenswerter, im Sinne einer optimalen Unternehmensführung sogar unabdingbarer Zustand, eine lückenlose Beschreibung aller Stellen parat zu haben.

Die Stellenbeschreibung, um deren Entwicklung und Einführung man sich erst heute verstärkt bemüht, gehört deshalb in bestimmten Bereichen zu den wichtigsten und aktuellsten verbalen Studienobjekten mit großer Relevanz für die betriebliche Praxis.

2. Begriffserklärungen

2.1. Der Begriff „Stelle"

2.1.1. Zur Definition der Stelle in der Literatur

Der Stellenbegriff wird in der Organisationsliteratur und im betrieblichen Sprachgebrauch häufig benutzt, aber oft unterschiedlich interpretiert. Die in der Fachliteratur verschiedentlich gegebenen Definitionen enthalten zwar teilweise übereinstimmende Elemente, weichen aber im Hinblick auf die Exaktheit der Festlegung voneinander ab. Es geht daher einerseits nicht an, hier die Meinung eines Autors als apodiktisch stehen zu lassen, andererseits muß man sich aber auf eine exemplarische Auswahl beschränken. "Die weiteste Fassung des Begriffs geht von einer Betrachtung aller Aufgaben aus, die in einer Stelle zusammengefaßt werden können. Stellen werden damit zu einer geschlossenen Aufgabeneinheit, zu einem Aufgabengesamt"(1).

ACKER verwendet ebenso allgemein den Begriff Stelle einerseits als generellen Oberbegriff für organisatorische und andererseits für bestimmte sachbegrenzte Einheiten(2). SCHMALENBACH spricht von "Dienststellen", ohne eine bestimmte Abgrenzung vorzunehmen oder sie anderen Gliederungseinheiten zuzuordnen(3).

Auch ULRICH(4) beschränkt sich auf eine Gliederungseinheit. Für ihn besteht eine Stelle "aus einem oder mehreren Arbeitsträgern, welche bestimmte Aufgaben zu lösen oder Funktionen zu erfüllen haben und dazu mit Kompetenzen und Verantwortung ausgestattet

---

1) BLEICHER, Knut: Zentralisation und Dezentralisation von Aufgaben in der Organisation der Unternehmungen, Berlin 1966, S. 48.
2) Vgl. ACKER, Heinrich: Die organisatorische Stellengliederung im Betrieb, 2. Aufl., Wiesbaden 1960, S. 163.
3) Vgl. SCHMALENBACH, Eugen: Über Dienststellengliederung im Großbetriebe, Veröff. d. Schmalenbach Gesellschaft, Bd. 29, Köln und Opladen 1959, S. 21 f.
4) ULRICH, Hans: Betriebswirtschaftliche Organisationslehre, Bern 1949, S. 114.

sind". Sieht auch ULRICH in der Stelle eine Kooperation m e h r e r e r "Arbeitsträger", so bestimmt NORDSIECK(1) demgegenüber den Begriff "als Funktionsgesamt e i n e s Funktionsträgers, losgelöst von der Vorstellung einer bestimmten Person und verbunden mit der Vorstellung eines objektiven, lediglich gedachten Funktionsträgers".

Diese Terminologie scheint in unserem Zusammenhang deshalb besonders relevant, da sie der in der Stellenbeschreibung erfaßten betrieblichen Einheit weitgehend gleichkommt. Sie abstrahiert grundsätzlich die Stelle von dem Funktionsträger, der sie als Person ausfüllt.

Ähnlich, aber noch exakter, definiert KOSIOL: "Unter einer Stelle soll der personenbezogene Aufgabenkomplex verstanden werden, der vom Personenwechsel unabhängig ist. Die Stelle ist als synthetische Zusammenfassung von Teilaufgaben zwar auf einen gedanklich angenommenen Aufgabenträger als Erfüllungssubjekt bezogen, indem sie jeweils als Funktionsbereich für eine Person gebildet wird, sie ist aber nicht personenabhängig, da sie nicht nach den persönlichen Neigungen oder Fähigkeiten einer bestimmten Einzelperson gestaltet wird, sondern bei Personenwechsel weiter besteht"(2). Die Aufgaben einer solchen Stelle werden zeitbegrenzt von einem Träger (einer Person) ausgeführt, der damit eine bestimmte "Stellung" (Position) einnimmt. Er soll zukünftig als "Stelleninhaber" bezeichnet werden. Dieser Definition schloß sich der Verfasser weitgehend an, da sie, in bezug auf die Stellenbeschreibung, unmittelbar auf das Objekt der Erfassung angewandt werden kann.

2.1.2. Abgrenzung der Stelle zu anderen organisatorischen Gliederungseinheiten

Häufig werden Stellen im Betrieb und in der Literatur nicht eindeutig genug gegen andere organisatorische Gliederungseinheiten abgegrenzt, oft sogar mit ihnen synonym verwandt. Daher sei im folgenden versucht, die Termini (a) Abteilung, (b) Instanz, (c) Arbeitsplatz und (d) Kostenstelle, da sie wohl die am meisten erscheinenden sind, von der Stelle zu unterscheiden. Dabei wird von ihrer vorher gegebenen Deklaration ausgegangen.

---

1) NORDSIECK, Fritz: Rationalisierung der Betriebsorganisation, 2. Aufl., Stuttgart 1955, S. 126.
2) KOSIOL, Erich: Organisation der Unternehmung, a. d. Rhe.: Die Wirtschaftswissenschaften, Bd. 46, hrsg. v. Erich GUTENBERG, Wiesbaden 1962, S. 89/90.

Zu a: Abteilung

Es wurde schon angedeutet, daß einige Autoren keinen Unterschied zwischen Stelle und Abteilung machen. Dies ist vorwiegend in der angelsächsischen Literatur der Fall, da hier die Bezeichnung "department" vorherrscht. Auch HENNING bezeichnet Abteilungen gelegentlich als Stellen, wenn er etwa schreibt, daß Abteilungen letzte Leitungsbereiche darstellen, "weil sie die untersten S t e l l e n sind, an deren Spitze Personen stehen, ... die nur leiten"(1). Wir wollen demgegenüber unter A b t e i l u n g eine S t e l l e n m e h r h e i t verstehen, die unter Hinzufügung einer übergeordneten Leitungsstelle zu einer höheren Organisationseinheit verbunden wird(2). Dem entspricht die Formulierung von GOOSSENS: "Stellen, die einem Vorgesetzten unterstellt werden, bilden zusammen mit der Stelle dieses Vorgesetzten eine Abteilung"(3).

Zu b: Instanz

Eine gewisse Verbundenheit von Stellen und I n s t a n z e n ist unverkennbar. Dabei werden letztere oftmals lediglich als eine spezifizierte Form von Stellen angesehen. BÖHRS(4) definiert sie "als leitende Stellen mit bestimmter Kompetenz oder Entscheidungsbefugnis und Verantwortung für den ihr unterstellten Leitungsbereich".

Ihr Aufgabenbereich muß aber überwiegend aus dem Rahmen der Betriebsführung abzuleiten sein, da eine Stelle erst dann zur Instanz zählt, wenn ihr Aufgabenbereich eigentliche Führungsaufgaben enthält.

Die persönliche und sachliche Verfügungsgewalt von Instanzen muß ihnen einen Dispositionsspielraum verleihen, der für andere Stellen aufgabenbestimmend ist und ihre übergeordnete Position in der Führungshierarchie erkennen läßt.

Zu c: Arbeitsplatz

Abgesehen davon, daß der Ausdruck A r b e i t s p l a t z häufig rein technisch-gewerbliche Assoziationen hervorruft, was durchaus nicht

---

1) Vgl. HENNING, Karl W.: Betriebswirtschaftliche Organisation, 4. Aufl., Wiesbaden 1965, S. 38-44.
2) Vgl. KOSIOL, Erich: Organisation der ..., a.a.O. S. 92.
3) GOOSSENS, Franz: Moderne Unternehmensleitung, München 1958, S. 120.
4) BÖHRS, Hermann: Organisation des Industriebetriebes, Wiesbaden 1963, S. 103.

immer der Realität entspricht, ist auch er weder im gewerblichen noch im kaufmännischen Bereich mit Stelle gleichzusetzen. Es liegt zwar nahe, den Arbeitsplatz, ebenso wie bisher die Stelle, als die kleinste leistungsbereite Organisationseinheit zu bezeichnen. Es kann jedoch nicht geleugnet werden, daß Arbeitsplatz im allgemeinen Sprachgebrauch ein raum- und ortsbezogener Begriff ist, der ihn von der Stelle unterscheidet, da sie selbstverständlich nicht an einen Ort oder Raum gebunden zu sein braucht. Es sei nur hierzu an einen Versicherungsvertreter erinnert, dessen regionale Tätigkeitsbereiche, und damit seine Arbeitsplätze, variieren und lediglich die "räumliche Konkretisierung der Erfüllungsvorgänge und Sachmittel seiner (einzeln fixierten, Anm. d. Verf.) Stelle"(1) bedeuten.

Zu d: Kostenstelle

Abschließend soll noch der vom Rechnungswesen geprägte Terminus Kostenstelle erklärt werden, da er gerade den Betriebswirten sehr geläufig ist und oft benutzt wird. Jedoch ist auch die Kostenstelle nicht grundsätzlich mit dem Objekt der Stellenbeschreibung identisch, weil sie nur dazu dient, die Kosten auf diejenigen Teilbereiche zu verteilen, in denen sie entstanden sind. Dabei ist es nicht rationell, eine starke Zergliederung bis zu kleinsten Bereichen vorzunehmen. Kostenstellen können nach funktionalen, räumlichen und Verantwortungsgesichtspunkten festgelegt werden und mehrere "Stellen" (im Sinne des Abs. 2.1.1.), Abteilungen, Baustellen, Betriebe u. a. m. umfassen.

Bei der Kostenstelle handelt es sich also in der Regel um eine größere Einheit als die von uns benutzte. Sie können jedoch übereinstimmen, wenn etwa in der Platzkostenrechnung einzelne Maschinen mit ihren dazugehörigen Stellen die Grundlage für die Kostenverteilung bilden.

2.2. Der Begriff „Stellenbeschreibung"

2.2.1. Zur Definition der Stellenbeschreibung

Der Begriff "Stellenbeschreibung" ist in der einschlägigen Literatur noch nirgends abschließend und allgemeingültig definiert. Dies liegt einerseits daran, daß selbst sein Gebrauch noch umstritten ist und

---

1) KOSIOL, Erich: Organisation der ..., a.a.O., S. 91.

einige Autoren Synonyme dafür eingeführt haben. Andererseits bestehen auch noch Differenzen bezüglich Form und Inhalt der Stellenbeschreibung, die eine unterschiedliche Begriffsfassung nach sich ziehen.

Da also einerseits eine Definition aus der Literatur nicht zu übernehmen ist, andererseits aber auf eine Begriffsbestimmung des Studienobjektes dieser Arbeit nicht verzichtet werden kann, haben wir selbständig eine Definition versucht.

Danach ist S t e l l e n b e s c h r e i b u n g :

> die nach genauer Betriebsanalyse deskriptive Erfassung aller relevanten Aufgaben, Verantwortungen und Anforderungen einer Stelle sowie deren schriftlich festgelegte Eingliederung in die formelle Organisation einer Unternehmung.

2.2.2. Abgrenzung der Stellenbeschreibung zu synonym gebrauchten Begriffen

Mit der Stellenbeschreibung beschäftigte sich die betriebswirtschaftliche Forschung und Praxis bisher nur wenig. Auch im Schrifttum liegen nur Aufsätze oder kleinere Abhandlungen in Sammelbänden und ganz wenigen umfassenderen Werken vor. Trotzdem ist zu diesem Komplex eine Reihe von Begriffen geschaffen und in den Sprachgebrauch gebracht worden, die oft synonym verwandt werden, sich aber nur zum Teil inhaltlich decken. Ihr Aussagewert ist deshalb meist nur sehr bedingt geeignet, um den hier betroffenen Gegenstand relativ klar zu fixieren. Da sie in Theorie und Praxis stets von neuem auftauchen, sei kurz darauf eingegangen und geklärt, weshalb wir sie nicht für geeignet halten, den Begriff Stellenbeschreibung zu ersetzen.

Die Begriffe P f l i c h t e n h e f t e o d e r P f l i c h t e n b r i e f e (1) sind zu einseitig, da es in unserem Sinne nicht ausreicht, nur die Pflichten zu fixieren. Abgesehen von dem unglücklichen psychologischen Moment, der hier von Anfang an auf den Mitarbeiter zukommt, sind sie auch sachlich falsch oder mindestens unvollständig, da wir später noch feststellen werden, daß Stellenbeschreibung einiges mehr enthalten sollte. Die angelsächsischen Ausdrücke j o b d e s c r i p t i o n

---

1) Vgl. u. a. STAERKLE, Robert: Anpassung der Organisationsstruktur an den Menschen, in: Betriebswirtschaftliche Mitteilungen, Heft 10, Bern 1960, S. 10 f.

und **position guide** werden zwar auch bei uns gerne gebraucht, sind aber als Fremdwörter in bezug auf Klarheit von vornherein gegenüber einer deutschen Bezeichnung disqualifiziert. Auch gehen sie inhaltlich teilweise von anderen Voraussetzungen aus und beschränken sich in erster Linie auf die Aufnahme eines vorzufindenden Zustandes auf unteren Betriebsebenen. Dabei machen lediglich die sogenannten **managerial** job descriptions eine Ausnahme. Bezeichnungen wie **Aufgaben-, Arbeits- oder Tätigkeitsbeschreibungen** sind nur Teile einer Stellenbeschreibung, die dafür zwar wichtig genannt werden können, aber eben allein zu eng sind, um sie als Oberbegriff gelten zu lassen.

Am stärksten konkurriert der Begriff **Arbeitsplatzbeschreibung** mit dem der Stellenbeschreibung. Die Gründe dafür, letzterem den Vorzug zu geben, rekrutieren sich zum größten Teil aus der getroffenen Abgrenzung zwischen Arbeitsplatz und Stelle. Stellenbeschreibung hat grundsätzlich die dabei festgestellte, umfassendere Einheit "Stelle" zum Objekt, die ja mehrere Arbeitsplätze enthalten kann. Sie ist also an den fiktiven Träger der Aufgabengesamtheit gebunden und nicht an räumlich begrenzte Plätze. Außerdem ist es auch deshalb ungeschickt, Arbeitsplatzbeschreibung zu sagen, weil sie sonst ständig mit "Arbeitsplatzbewertung" (auch Arbeitsbewertung) verwechselt werden kann.

2.2.3. Abgrenzung der Stellenbeschreibung zu anderen organisatorischen Hilfsmitteln

Stellenbeschreibung ist nicht die einzige Methode der Fixierung aufbau- und ablauforganisatorischer Erfassung. Ähnlich den Dienstanweisungen in der öffentlichen Verwaltung sind auch sogenannte **allgemeine Arbeitsanweisungen** in privaten Betrieben seit langem bekannt. Sie enthalten jedoch meist nur sehr vage Formulierungen, die dem Stelleninhaber oder auch ganzen Abteilungen lediglich zur allgemeinen Orientierung dienen können.

Dagegen versucht HENNIG schriftliche **Arbeitsgliederungen und Abteilungsschemata** einzuführen, die jedoch nicht mehr als Grobgliederung sind.

Der **Organisationsplan** hingegen ist die schaubildliche Erfassung der hierarchischen Ordnung, der Kompetenzen, der Aufgabenkomplexe, sowie der entsprechenden Abteilungen und der personellen Besetzung der Stellen. Der Plan hat den Vorteil großer Übersichtlichkeit. Soll er diesen behalten, so muß als Nachteil in Kauf genommen werden, sich bei der Darstellung auf das Wesentliche zu beschränken. Eine detaillierte Aufschlüsselung ist damit also nicht zu erreichen.

Tabellarisch versucht das **Funktionsdiagramm** oder der **Funktionsverteilungsplan** die verschiedenen Funktionen mehrerer Stellen in bezug auf mehrere Aufgaben übersichtlich darzustellen. Auch hier ist es notwendig, der Klarheit wegen eine Beschränkung auf das Wesentliche vorzunehmen. Die Details bleiben der Stellenbeschreibung vorbehalten, wobei ein Funktionsdiagramm wertvolle Grundinformationen liefern kann.

3. Form und Inhalt der Stellenbeschreibung

3.1. Vorschläge zu Form und Inhalt der Stellenbeschreibung in der Literatur

Eine allgemeingültige Normierung darüber, wie eine Stellenbeschreibung aussehen und welche Elemente sie im einzelnen beinhalten soll, gibt es nicht. Der Hauptgrund liegt darin, daß die verschiedenen Autoren unterschiedliche Auffassungen über den Zweck und die Anwendungsmöglichkeiten von Stellenbeschreibungen vertreten. Ihre Vorschläge zur Form und zum Inhalt richten sich nach ihrem Standpunkt in diesen Fragen. Dies drückt sich hauptsächlich in einer mehr oder minder tiefen Gliederung des von ihnen verwandten Schemas aus.

Beispielsweise sieht KOSIOL[1] in der Stellenbeschreibung primär ein Mittel zur Stellenbildung. Sein Vorschlag zum Inhalt enthält im wesentlichen drei Komplexe mit nur wenigen Unterpunkten. Erstens legt er im "Arbeitsbild" die Aufgaben der Stelle fest. Zweitens nennt das "Besetzungsbild" die persönlichen Anforderungen an den Stelleninhaber. Drittens nimmt das "Instanzenbild" die Eingliederung der Stelle in die instanziellen Beziehungen des Leitungsaufbaus der Unternehmung vor. Der von BERGER[2] vorgeschlagene Inhalt ist zweckmäßig, entspricht aber nur dem absoluten Minimum einer Stellenbeschreibung. Er enthält folgende Punkte:

    1. Bezeichnung der Position
    2. Allgemeine Aufgabe (Funktion der Stelle)
    3. Vorgesetztenverhältnisse
       a) unmittelbarer Vorgesetzter
       b) unmittelbar unterstellte Personen
       c) Umfang der Linienautorität
       d) Umfang der Stabsautorität
    4. Verantwortlichkeit im einzelnen.

---

[1] Vgl. KOSIOL, Erich: Organisation der ..., a.a.O., S. 94/95.
[2] Vgl. BERGER, K.H.: Organisationspläne und Dienstanweisungen, in: Organisation, TfB-Handbuchreihe, Bd. 1, hrsg. v. SCHNAUFER und AGTHE, Berlin-Baden Baden 1961, S. 561 f., insb. S. 563.

Diesen Mindestinhalt verwendet auch ACKER(1). Er gliedert aber die einzelnen Punkte wesentlich tiefer und nimmt zusätzlich noch folgendes auf: Regeln für die Zusammenarbeit mit anderen Stellen, Bewertungsstäbe und Anforderungsarten der Stelle.

NORDSIECK(2) empfiehlt eine strenge t a b e l l a r i s c h e F o r m , in der nur wenig Platz für verbale Aussagen vorgesehen ist. Darin enthält der "Kopf" die Bezeichnung der Stelle und ihre Eingliederung in den Betrieb. Der erste Abschnitt nennt die Aufgaben und Ziele der Stelle. Abschnitt zwei vermittelt ein Bild der Funktionen im einzelnen.

Im dritten Abschnitt werden die Vollmachten festgelegt. Daran schließen sich die Abschnitte vier und fünf an, die Aussagen zu Arbeitsanforderungen und -belastungen machen. Schließlich werden noch Hinweise zur Stellenbewertung und bezüglich des Anforderungsprofils gegeben. Die Unterteilung des Formblattes ist ausreichend, um die vielseitigen Zwecke (z. B. Stellenbildung und -bewertung) zu erfüllen, die NORDSIECK damit verfolgt.

Die Stellenbeschreibung von HÖHN(3) enthält durchschnittlich acht Gliederungspunkte, die durch spezielle Einzelanweisungen oder Befugnisregelungen ergänzt werden können. Sie unterscheidet sich jedoch in keinem Punkt wesentlich von dem Vorschlag anderer Autoren. Ähnlich wie ACKER und BERGER unterstellt auch er die "L o s e -
b l a t t f o r m ".

Unseren Zielen und Vorstellungen entspricht jedoch die Stellenbeschreibung von SCHWARZ(4) am meisten. Wir geben ihr den Vorzug, weil sie auf den Vorschlägen von BERGER, ACKER und NORDSIECK basiert und deren Vorteile vereinigt. Sie gibt auf dem Deckblatt einen guten (tabellarischen) Überblick über organisatorische Zusammenhänge und läßt in den folgenden Blättern ausreichend Platz für alle wichtigen verbalen Angaben. Zusammengefaßt enthält sie:

---

1) ACKER, Heinrich: Organisationsanalyse-Verfahren und Technik praktischer Organisationsarbeit, 2. Aufl., Baden Baden 1966, S. 53-55.
2) Vgl. NORDSIECK, Fritz: Betriebsorganisation-Lehre und Technik-Textband, Stuttgart 1961, Spalte 93/94.
3) Vgl. HÖHN, Reinhard: Stellenbeschreibung und Führungsanweisung, a. d. Rhe. : Menschenführung und Betriebsorganisation, Bd. 7, 6. Aufl., Bad Harzburg 1971, S. 227 f.
4) Vgl. SCHWARZ, Horst: Arbeitsplatzbeschreibungen, 3. Aufl., Freiburg-Berlin 1970, S. 111 f.

a) Bezeichnung der Stelle
b) Organisatorische Einordnung, sowie die Stellvertretung
c) Kennzeichnung der Hauptaufgaben (Kurzstil)
d) Genaue Beschreibung der Aufgaben und Befugnisse
e) Anforderungen an den Stelleninhaber
f) Beurteilungsmaßstäbe
g) Technisch-organisatorische Angaben zur Stelle
h) Einordnung der Stelle in den Organisationsfluß.

Bei der folgenden Entwicklung unseres eigenen Stellenbeschreibungsschemas dienten uns die Vorschläge von SCHWARZ als Arbeitsgrundlage.

3.2. Eigener Vorschlag zu Form und Inhalt der Stellenbeschreibung

3.2.1. Vorbemerkung zur selbständigen Entwicklung eines Stellenbeschreibungsschemas

Eine allgemeingültige Normierung von Stellenbeschreibungen ist also nicht festzustellen. Sie wäre auch wenig sinnvoll, da individuelle betriebliche Gegebenheiten darin nicht berücksichtigt würden. Diese müssen aber zweckmäßigerweise erfaßt sein, da die Stellenbeschreibung ja in erster Linie dem Betrieb dienen soll, für den sie aufgestellt wird. Deshalb kann jede Festlegung eines Formblattes bewußt nur als Vorschlag gesehen werden, der u.U. betriebsspezifisch abzuändern ist, worauf hier nicht näher eingegangen werden soll. Form und Inhalt von Stellenbeschreibungen werden aber darüber hinaus noch von anderen Sachzwängen determiniert, wovon die drei wichtigsten kurz besprochen werden müssen.

Punkt 1:

Es wurde schon angedeutet, daß Zusammenhänge zwischen dem Verwendungszweck und dem Inhalt von Stellenbeschreibungen gegeben sind. Je nachdem, ob die Unternehmensleitung eine primäre Anwendung in der Organisation, der Unternehmensführung, dem Personalwesen oder in einem anderen Bereich anstrebt, müssen die entsprechenden Teile der Stellenbeschreibung stärker gewichtet sein als andere. Das bedeutet konkret, daß, wenn z.B. der Betrieb hauptsächlich organisatorische Probleme mit der Einführung von Stellenbeschreibungen zu lösen beabsichtigt, die Angaben zur Eingliederung in die betrieblichen Zusammenhänge genau erfolgen müssen und großen Raum einnehmen.

Punkt 2:

Vor der Erarbeitung einer Stellenbeschreibung muß geklärt werden, ob sie sich konkret auf die Person des derzeitigen Stelleninhabers bezieht oder ob sie abstrakt von dieser Person lediglich deren Aufgabengesamtheit beschreiben soll. Für eine Personenbezogenheit würde sprechen, daß die Positionen, speziell auf mittlerer und höherer Leitungsebene, in deutschen Betrieben noch stark an dem jeweiligen Mitarbeiter orientiert sind, der eine Stelle besetzt hält. Wir haben jedoch schon weiter oben festgelegt, daß der Stellenbegriff wissenschaftlich eindeutig von der Person des Stelleninhabers zu abstrahieren ist. Da S t e l l e n beschrieben werden sollen, ist daraus abzuleiten, daß man auch dabei grundsätzlich von der A u f g a b e n g e s a m t h e i t auszugehen hat. Diese ist davon geprägt, eine bestimmte Funktion im Betrieb zu erfüllen. In weitgehender Übereinstimmung plädiert die Fachliteratur für eine solche Sachbezogenheit der Stellenbeschreibung, der auch wir uns anschließen wollen.

Punkt 3:

Schließlich können Form und Inhalt von Stellenbeschreibungen noch von der hierarchischen Ebene bestimmt werden, in der sich die zu beschreibende Stelle befindet. Dies bezieht sich in erster Linie auf Über- und Unterstellungsverhältnisse. Es ist einleuchtend, 'daß bestimmte Angaben nur dort gemacht werden können, wo sie in der Realität gegeben sind. Zum Beispiel können Untergebene nur bei den Stellen genannt werden, die solche Verhältnisse vorsehen (mittlere und höhere Leitungsstellen). Wenn sich solche Eigenheiten auf Grund des Stellenranges ergeben, werden sie bei der folgenden Analyse der einzelnen Stellenbeschreibungselemente besonders hervorgehoben.

3 2.2. Die einzelnen Elemente der Stellenbeschreibung im Rahmen dieser Arbeit

Im Hinblick auf den empirischen Teil dieser Arbeit, aber auch zum besseren Verständnis der weiter unten dargelegten Anwendungsmöglichkeiten von Stellenbeschreibungen, war es notwendig, ein Form-

bzw. Inhaltsschema zu entwickeln, das unseren Vorstellungen entspricht. Aufbauend auf den dargestellten Literaturbeispielen wurde darüber hinaus das Ziel verfolgt, ein Formblatt auszuarbeiten, welches möglichst v i e l s e i t i g einsetzbar sein sollte. Dazu war es erforderlich, das Schema breit anzulegen und derart zu normieren, daß es für Stellen auf a l l e n Ebenen anwendbar ist.

Diese "Normierung" hat unserer Meinung nach entscheidende Vorteile:

- leichte Handhabung der Beschreibung
- große Übersichtlichkeit und eindeutige Aussagekraft
- kurzfristige Erfassung von Veränderungen
- unkomplizierte Erstellung von Parallelbeschreibungen und vor allem
- gute Vergleichbarkeit der Stellen.

Aus diesen Gründen und aus den Erfahrungen bei der Erstellung der später aufgezeigten praktischen Stellenbeschreibung heraus haben wir das im folgenden erläuterte Schema entwickelt und angewandt.

Die gesamte Stellenbeschreibung unterteilen wir danach in zwei große Bereiche. Der erste soll als formeller, der zweite als inhaltlicher Teil bezeichnet werden. Beide Abteilungen müssen weiter in bestimmte Aussagekomplexe gegliedert werden, die ihrerseits unterschiedlich starke Segmentierungen aufweisen können.

3.2.2.1. Der formelle Teil der Stellenbeschreibung

Der erste Teil der Beschreibung soll einen raschen Überblick über die Stelle in formeller Hinsicht ermöglichen. Zu diesem Zweck ist es notwendig, daß er Aussagen über den Standort der Stelle in der (formellen) Organisation des Betriebes enthält. Ferner ist er unbedingt so anzulegen, daß er nur das Deckblatt der Stellenbeschreibung umfaßt. Dies dient der Übersichtlichkeit und der schnellen Information, die das bessere Verständnis und die Würdigung der gesamten Beschreibung erfordern. Diese Determinierung zwingt zu einer exakten und knappen Gestaltung des "formellen Teils" mit gleichzeitig hohem Informationswert. Für diesen "formellen Teil" haben wir fünf Aussagekomplexe vorgesehen:

a) Die Deklaration der Stelle
b) Die Eingliederung der Stelle in die Betriebsorganisation
c) Die Vertretungsverhältnisse
d) Das Ziel der Stelle
e) Die organisatorischen Hinweise zur Stellenbeschreibung

Zu a: Die Deklaration der Stelle

Die Deklaration soll Auskunft darüber geben, für welche Stelle die Beschreibung angefertigt wurde. Ihr wichtigster Unterpunkt ist daher die "Bezeichnung" der Stelle. Hierbei soll weder nur der Dienstrang (z.B. Abteilungsleiter) noch der Titel (z.B. Prokurist) des Stelleninhabers stehen. Vielmehr ist erwünscht, in einem kurzen Satz die Stelle von der Funktion her zu fixieren (z.B. Stelle des Leiters der Abteilung Transportversicherung). Hinzu kommt noch, soweit vorhanden, die Nummer oder Kennziffer der Stelle im Stellenplan der Unternehmung. Ferner kann noch der Dienstrang hinzugefügt werden, soweit er jedem Inhaber dieser Stelle verliehen wird. Dabei ist nicht an persönliche Titel (Arbeitstitel wie Oberingenieur, Versicherungs-Inspektor u.ä.) gedacht, sondern an die Dienstbezeichnung, wie sie sich aus der Bezeichnung der Stelle ergibt (z.B. Abteilungsleiter).

Im Gegensatz zu anderen Autoren stellen wir diese nicht personen-, sondern stellenbezogenen Punkte obenan, um damit von vornherein die Sachbezogenheit der Beschreibung zu dokumentieren. Im letzten Punkt dieses Aussagekomplexes neigen wir jedoch zu einem Kompromiß, indem wir nämlich den Unterpunkt "Name des Stelleninhabers" einführen. Dies hat mehr einen psychologischen, als einen sachlich-organisatorischen Grund. Stellenbeschreibungen haben nur dann einen Sinn, wenn sich die Personen, die diese Stellen ausfüllen, auch mit ihnen identifizieren. Sie tun dies aber eher, oder vielleicht nur dann, wenn die Identität auch durch ihren Namen innerhalb der Beschreibung sichtbar gemacht wird.

Zu b: Die Eingliederung der Stelle in die Betriebsorganisation

Eine Eingliederung ist dann unproblematisch, wenn ein Organisationsplan im Betrieb bereits schriftlich vorliegt oder doch mindestens klare gedankliche Vorstellungen von der Zugehörigkeit der Stelle zu bestimmten Bereichen bereits vorhanden sind.

Angaben zu Abteilung, Gruppe und Leitungsbereich sind dann unmittelbar einzutragen.

Die Festlegung des Vorgesetzten, dessen Vorgesetzten und dessen Stellvertreter dient der besseren Orientierung des Stelleninhabers, besonders bei neuen Mitarbeitern. Den gleichen Zweck verfolgen die Angaben über untergebene und beigeordnete Stellen. Wichtig ist hierbei wieder, daß bei all diesen Angaben die Bezeichnungen der Stellen verwandt werden; die Namen der derzeitigen Stelleninhaber können hinzutreten.

Zu c: Die Vertretungsverhältnisse

Wichtig, weil hierüber oft Unklarheit herrscht, sind die Vertretungsverhältnisse. "Aktive Vertretung" bedeutet dabei die Pflicht, andere Stellen im Abwesenheitsfall zu betreuen. Die "passive Vertretung" gibt dagegen an, wer für die Aufgaben des Stelleninhabers zuständig ist, wenn dieser selbst sie vorübergehend nicht wahrnimmt. Bei beiden Unterpunkten ist es ratsam, zu vermerken, ob eine volle Vertretung, teilweise Vertretung oder nur Platzhalterschaft vereinbart ist. Von der jeweiligen Art der Vertretung müssen Vertreter und Vertretene in Kenntnis gesetzt werden.

Zu d: Das Ziel der Stelle

Da das Deckblatt einen möglichst guten Überblick über die Stelle erbringen soll, ist es notwendig, die bisherigen, rein formellen Angaben durch eine kurze "Vorausschau" auf den inhaltlichen Teil zu ergänzen. In der Rubrik Ziel der Stelle soll "... ein möglichst kurzer Überblick über das angestrebte Aufgabenfeld der Stelle gegeben werden, wofür Name und Bezeichnung der Stelle oft nicht aufschlußreich genug sind"(1). Dieser Punkt soll zwar zum inhaltlichen Teil hinführen, darf sich aber nicht in einer kurzen Aufzählung der Tätigkeiten beschränken. Der Begriff "Ziel" wird hier bewußt verwandt, da er eine gewisse Wertigkeit enthält. Darin soll also zum Ausdruck kommen, zu welchem positiven Ergebnis die Erfüllung der Aufgabengesamtheit führen muß.

Qualitativ und quantitativ steht der Punkt "Ziel der Stelle" zwischen den Angaben zur Stellenbezeichnung und der detaillierten Tätigkeitsbeschreibung im inhaltlichen Teil.

Zu e: Die organisatorischen Hinweise zur Stellenbeschreibung

Der formelle Teil wird durch organisatorische Hinweise abgeschlossen, die sich auf die Stellenbeschreibung selbst beziehen. Neben einem Raum für besondere Hinweise, der individuell gestaltet werden kann, gehört hierher der nächste Termin zur Überarbeitung der Beschreibung, evtl. der Verteiler und die Bestimmung, wer die Aktualisierung vorzunehmen hat.

Von wem die Stellenbeschreibung durch Unterschrift anerkannt werden soll, muß im einzelnen bestimmt werden. Sinnvoll scheint in

---

1) SCHWARZ, Horst: a.a.O., S. 172.

jedem Falle, diejenigen unterzeichnen zu lassen, die in der Praxis mit der Stellenbeschreibung arbeiten müssen und sich an deren Normen zu halten haben (z. B. der Abteilungsleiter, der Stelleninhaber). (Die Frage der Durchsetzbarkeit ist damit zwar noch nicht gelöst, aber doch erleichtert.)

Darüber hinaus ist es zweckmäßig, die für die Beschreibung verantwortliche Instanz (z. B. den Leiter der Organisationsabteilung) signieren zu lassen. Die Unterschrift der Geschäftsleitung würde dem gesamten Dokument eine Autorität verleihen, die zur Durchsetzung der Stellenbeschreibung sehr wünschenswert ist.

Werden die Unterschriften, wie von uns vorgeschlagen, auf der ersten Seite geleistet, so ist es notwendig, die Anzahl der Blätter ebenfalls hier erscheinen zu lassen, um damit ihre Gültigkeit für die gesamte Beschreibung zu dokumentieren.

3.2.2.2. Der inhaltliche Teil der Stellenbeschreibung

Der inhaltliche Teil beschäftigt sich ausführlich mit der Stelle als Aufgabengesamtheit. Er ist in Form, Inhalt und Umfang wesentlich weniger determiniert als der formelle Teil. Zwar enthält auch er für alle Stellen die gleichen Aussagekomplexe als Gliederungspunkte, jedoch können innerhalb der einzelnen Gruppen die Aussagen verbal mehr oder minder umfangreich sein. Dies hängt von den bei der zu beschreibenden Stelle vorzufindenden Gegebenheiten und von dem Zweck der Beschreibung ab. Wie sehr dabei ins Detail gegangen wird, muß von der betreffenden Unternehmung entschieden werden. So sehr eine umfangreiche Beschreibung aller Tätigkeiten, Aufgaben, Kompetenzen etc. für die Stellenanalyse wünschenswert ist, so muß doch davor gewarnt werden, sich zu stark in Einzelheiten zu verlieren. Dies würde zu größter Unklarheit und erheblichem Arbeitsaufwand führen. Beides kann dann die Wirksamkeit der Stellenbeschreibung generell zu Fall bringen und so mehr schaden als nutzen. Folgende sieben Aussagekomplexe schlagen wir für die Gestaltung des inhaltlichen Teils vor:

      a) Allgemeine Aufgaben und Verantwortungen im einzelnen
      b) Besondere Aufgaben
      c) Besondere Befugnisse und Verantwortungen
      d) Zusammenarbeit mit anderen Stellen (bzw. besondere Kontakte)
      e) Anforderungsprofil der Stelle
      f) Bewertungsmaßstäbe für die Leistung
      g) Besondere Hinweise.

Zu a: Allgemeine Aufgaben und Verantwortungen

Bei den allgemeinen Aufgaben und Verantwortungen ist hauptsächlich an die Beschreibung der täglich bzw. periodisch wiederkehrenden Tätigkeiten gedacht. Sollen sie weiter untergliedert werden, bietet sich eine chronologische Systematisierung in täglich, wöchentlich, monatlich und jährlich anfallende Arbeiten an. Es ist jedoch hier, wie überhaupt im inhaltlichen Teil, darauf zu achten, daß aus der Angabe klar hervorgeht, ob der Stelleninhaber die Tätigkeit selbst auszuführen hat oder nur für ihre Erledigung verantwortlich ist. Angaben wie: "Er ist zuständig für die Schadensbearbeitung" sollen, wenn der Stelleninhaber tatsächlich selbst die Schadensregulierung vornimmt und diese nicht nur als Vorgesetzter zu kontrollieren hat, nach Möglichkeit zu Gunsten etwa folgender Aussage unterbleiben: "Er bearbeitet Schadensfälle der Gruppe A - F".

Zu b: Besondere Aufgaben

Besondere Aufgaben sind solche, die aperiodisch anfallen, aber mindestens von gleicher Wichtigkeit sind wie die periodischen. Unbedeutende Gelegenheitsarbeiten brauchen also nicht oder nur mit einer summarischen Bemerkung erfaßt zu werden. Schwierig ist dabei die Abgrenzung von besonderen zu langfristig-periodischen Aufgaben. Oftmals werden schon solche Tätigkeiten als "besonders" angesehen, die nur in größeren Zeitabständen vorkommen. Exakt dürften hier aber nur die Aufgaben erfaßt werden, die gelegentlich von der Stelle zu erledigen sind und durch besondere S a c h z u s a m m e n h ä n g e und nicht durch Termine hervorgerufen werden.

Zu c: Besondere Befugnisse und Verantwortungen

Unter besonderen Befugnissen sollen zunächst alle außergewöhnlichen Rechte verstanden werden, die nur dieser bzw. nur vergleichbaren Stellen gewährt werden (z.B. Benutzung eines Dienstwagens, Unterschriftsregelungen, Dienstreisen mit Vergütungen etc.). Es müssen allerdings Privilegien sein, die jedem potentiellen Inhaber der Stelle automatisch mit ihrer Übernahme zufallen würden.

Darüber hinaus gibt es noch besondere Rechte, die mit der Person des derzeitigen Stelleninhabers verbunden sind. Diese sind für den Betrieb (und für die Stelle) meist von derartiger Bedeutung, daß wir hier wiederum das Sach-Prinzip brechen müssen. Innerhalb dieses Punktes befinden sich also auch besondere Befugnisse, die nur dem Stelleninhaber übertragen worden sind und mit deren Übernahme ein

Nachfolger nicht a priori rechnen kann. Beispiele hierfür sind etwa die dem Stelleninhaber erteilte Handlungsvollmacht, Prokura u. ä. Verfügungen, soweit sie nicht automatisch mit der Stelle verbunden sind und daher schon weiter oben Erwähnung finden.

Zu d: Zusammenarbeit mit anderen Stellen

Da kaum eine Stelle vom restlichen Betriebsgeschehen isoliert arbeitet, ist es notwendig, die Zusammenarbeit mit anderen Stellen festzuhalten. Bei vornehmlich ausführenden Stellen geht es dabei in erster Linie darum, die Kommunikations- und Informationswege kollegialer (gegenüber gleichen Stellen innerhalb derselben Abteilung), ranggleicher (gegenüber gleichartigen Stellen außerhalb der Abteilung), hierarchischer (gegenüber vorgesetzten bzw. untergebenen Stellen) und externer (gegenüber allen Stellen außerhalb der Unternehmung - Kunden, Lieferanten etc.) Art darzulegen.

Alle Kontakte, die der Stelleninhaber bei Erledigung seiner Aufgaben oder als deren Folge zu vollziehen hat, sind hier aufzuführen. Die Fixierung der Zusammenarbeit mit anderen Stellen ist eine Ergänzung der bisherigen Aussagekomplexe, da hierdurch die vorgesehenen Arbeitsteilungen manifestiert werden und deutlich wird, für welche Aufgaben der Stelleninhaber n i c h t zuständig ist.

Bei leitenden Stellen können zusätzlich zu den Verbindungen, die sie auf Grund ihrer allgemeinen Tätigkeit zu pflegen haben, noch b e s o n d e r e B e z i e h u n g e n hinzutreten. Beispielsweise ist dabei daran zu denken, daß eine Stelle etwa den Kontakt zu bestimmten Kunden, zur Geschäftsleitung oder zu Verbänden etc. anzuknüpfen und zu halten hat. Dies sollte dann hier oder innerhalb eines gesonderten Punktes aufgeführt werden.

Zu e: Anforderungsprofil der Stelle

Ein besonders wichtiger Komplex, primär dann, wenn die Stellenbeschreibung auch innerhalb des Personalwesens Ergebnisse liefern soll, ist die Erfassung des sogenannten Anforderungsprofils. Bei seiner Aufstellung sollte unter Beteiligung aller kompetenten Kräfte besonders viel Sorgfalt verwandt werden. Es setzt nämlich eine genaue Kenntnis aller Tätigkeiten und Probleme voraus, mit denen der Stelleninhaber konfrontiert wird. Insofern ist die bis hierher fertiggestellte Beschreibung schon ein Hilfsmittel zur Aufstellung des Anforderungsprofils, da dem ja schon eine Stellenanalyse vorausgegangen ist.

Allerdings muß hier davor gewarnt werden, sich dabei von den Kenntnissen, Fähigkeiten und Vorbildungen des d e r z e i t i g e n Stelleninhabers leiten zu lassen. Im Interesse der Sache ist streng darauf zu achten, daß das Anforderungsprofil nur die Voraussetzungen nennt, die j e d e r potentielle Stelleninhaber mitbringen muß, um der Aufgabengesamtheit gerecht zu werden.

So wäre es beispielsweise ein grober Fehler, im Anforderungsprofil Fremdsprachenkenntnisse aufzuführen, nur weil der derzeitige Stelleninhaber Englisch und Französisch spricht, ohne jedoch innerhalb seiner Tätigkeiten jemals mit Auslandsbeziehungen konfrontiert zu werden. (Es ist aber ein "Nebenerfolg" der Stellenbeschreibung, wenn bei ihrer Aufstellung solche unnötigen "Übersetzungen" aufgedeckt werden und die Personen auf andere Stellen versetzt werden, die ihren Fähigkeiten entsprechen.)

Bei den aufzuführenden Anforderungsarten kann man sich keinesfalls nur auf schulische oder sonstige Vorbildung beschränken. Es müssen z. B. auch körperliche, charakterliche und psychische Voraussetzungen aufgeführt werden, soweit sie an der Stelle besonders gefordert werden müssen.

Zu f: Bewertungsmaßstäbe für die Leistung

Soll die Stellenbeschreibung auch zur Arbeits- und Leistungsbewertung herangezogen werden, ist es ratsam, in einem speziellen Punkt hierzu relevante Kriterien festzulegen. Dies ist deshalb nützlich, weil auch hier wieder die vorangegangene Stellenanalyse wichtigste Voraussetzung zur Aufstellung derartiger Bewertungsnormen ist. Außerdem erleichtert dieser Punkt der Stellenbeschreibung dem späteren Bewerter seine Tätigkeit erheblich.

Zu g: Besondere Hinweise

Zum Abschluß der Stellenbeschreibung sollte noch ein Raum für besondere Hinweise zur Verfügung stehen. Seine Ausfüllung ist relativ ungebunden. Denkbar ist es, hier Besonderheiten unterzubringen, die sich sonst nicht recht in einen anderen Aussagekomplex eingefügt hätten, aber der Erwähnung bedürfen. Es können hier aber auch Ergänzungen zum letzten Punkt des formellen Teils (organisatorische Hinweise zur Stellenbeschreibung) vorgenommen oder besondere Anweisungen zu deren Handhabung gemacht werden.

Unser Stellenbeschreibungsschema sieht danach folgendermaßen aus:

FIRMA	STELLENBESCHREIBUNG	Blatt
	I. Formeller Teil	Nr.: 1

1. **Deklaration der Stelle**
1.1. Bezeichnung der Stelle:
1.2. Nr. der Stelle im Plan:
1.3. Dienstrang:
1.4. Name des Stelleninhabers:

2. **Eingliederung der Stelle in die Organisation**
2.1. Abteilung:
2.2. Gruppe:
2.3. Leitungsbereich:
2.4. Unmittelbarer Vorgesetzter:
2.5. Dessen Vorgesetzter:
2.6. Dessen Stellvertreter:
2.7. Untergebene Stellen:
2.8. Beigeordnete Stellen:

3. **Vertretungsverhältnisse**
3.1. Aktive Vertretung:
3.2. Passive Vertretung:

4. **Ziel der Stelle**

5. **Organisatorische Hinweise zur Stellenbeschreibung**
5.1. Raum für besondere Hinweise:
5.2. Anzahl der Blätter:
5.3. Nächster Überarbeitungstermin:
5.4. Verteiler:
5.5. Unterschriften:

| FIRMA | STELLENBESCHREIBUNG | Blatt |
| (Kurzform) | II. Inhaltlicher Teil | Nr: 2..n |

6. <u>Allgemeine Aufgaben und Verantwortungen</u>
6.1.
⋮
6.n.

7. <u>Besondere Aufgaben</u>
7.1.
⋮
7.n.

8. <u>Besondere Befugnisse und Verantwortungen</u>
8.1.
⋮
8.n.

9. <u>Zusammenarbeit mit anderen Stellen</u>
9.1.
⋮
9.n.

10. <u>Anforderungsprofil der Stelle</u>
10.1.
⋮
10.n.

11. <u>Bewertungskriterien</u>
11.1.
⋮
11.n.

12. <u>Besondere Hinweise</u>
12.1.
⋮
12.n.

4. Aufgaben und Anwendungsmöglichkeiten der Stellenbeschreibung bei der Lösung ausgewählter Probleme in einzelnen Teilbereichen der Unternehmung

4.1. Aufgaben und Anwendungsmöglichkeiten im Bereich der Betriebsorganisation

GUTENBERG definiert Organisation als "...diejenige Apparatur, die die Aufgabe hat, eine durch Planung vorgegebene Ordnung im Betrieb zu realisieren"(1). Die Notwendigkeit von Organisation erklärt sich aus dem Bedürfnis nach Ordnung, das sich ergibt, wenn eine Gruppe von Menschen zur gemeinsamen Zielerreichung zusammenarbeitet, "...weil ohne eine solche Ordnung das gesetzte Ziel nicht oder nur auf höchst unrationelle Weise erreicht werden kann"(2). Dabei ist es hauptsächlich wichtig, eine eindeutige Zuständigkeitsordnung und Aufgabenverteilung festzulegen, um eine einheitliche Willensbildung und einen möglichst reibungslosen Geschäftsablauf zu garantieren. Vergleicht man den oben gegebenen Organisationsbegriff mit den Hauptzielen der Stellenbeschreibung, wie sie im folgenden noch intensiv dargestellt werden müssen, so liegt es nahe, daß letztere neben Planungs- und Kontrollfunktionen doch primär zur besseren Erfüllung der Organisationsaufgaben dient. Ihr obliegt es, die durch Planung gesetzten Ziele im Bereich der Aufgabenausführung der einzelnen Stellen zum praktischen Vollzug zu bringen. Durch diese festgestellte Zielsetzung wird die Stellenbeschreibung zu einem großen Teil im Terrain der Betriebsorganisation angesiedelt und kann als eines ihrer wesentlichen Hilfsmittel, das auch als Führungsinstrument ständig größere Bedeutung erlangt, bezeichnet werden.

4.1.1. Stellenbeschreibung im Rahmen formeller Organisation

Wir haben schon oben, unter Zugrundelegung des Organisationsbegriffs von GUTENBERG, den starken Bezug von Stellenbeschreibungen zur betrieblichen Organisation festgestellt. Viele Autoren, die

---
1) GUTENBERG, Erich: Grundlagen der BWL, Bd. 1, Die Produktion, 14. Aufl., Berlin, Heidelberg, New York 1968, S. 234.
2) ULRICH, Hans; STAERKLE, Robert: Verbesserungen der Organisationsstruktur von Unternehmungen, in: Betriebswirtschaftliche Mitteilungen, Heft 6, Bern 1959, S. 5.

sich ebenfalls um eine Definition des Begriffs bemüht haben, nehmen auffälligerweise **keine** Unterscheidung in **formelle und informelle** Organisation vor. So schreibt z. B. ALBACH: "Unter Organisation im Betrieb versteht man den Vollzug oder die Realisierung der betrieblichen Planung. Aber auch die konkrete Gestaltung des Betriebes"(1). Den ersten Satz könnte man dabei als Umschreibung der formellen Organisation ansehen, da die oberste **Planung** stets von der Unternehmensleitung ausgeht. Organisation ist nach unserer Ansicht nämlich dann als **formell** anzusehen, wenn sie von der Unternehmensführung gewollt, bestimmt und zur Zielerreichung vorgegeben ist. Bei der konkreten Gestaltung des Betriebes als Ganzem kann jedoch auch durchaus **informelle** (vgl. Abs. 4.1.2.) Organisation (positiv oder negativ) mitwirken, ohne daß die Leitung Einfluß hat. Da die beiden Organisationsarten nicht übereinstimmen müssen und verschiedene Problematiken aufweisen, werden sie im Bezug zur Stellenbeschreibung im folgenden getrennt behandelt.

4.1.1.1. Hilfsmittel zur Lösung aufbauorganisatorischer Probleme

Die Stellenbeschreibung dient u. a. zur Fixierung von Organisationseinheiten. Sie kann durch die genaue Festlegung von Verantwortung, Aufgabenverteilung und Zuständigkeiten (2) zur Realisierung der **Aufbauorganisation** im Betrieb beitragen. Dabei bezieht sich der zuletztgenannte Begriff vor allem auf "... institutionale Probleme und Bestandsphänomene, insbesondere auf die Gliederung der Unternehmung in aufgabenteilige Einheiten und ihre Koordination, auf die Problematik der Instanzen, Stäbe, Kollegien usw. "(3).

Eine solche Gliederung in Einheiten, die teils unterstellt, teils arbeitsteilig verbunden sind, kann durch Stellenbeschreibung geschaffen oder mindestens schriftlich festgelegt werden, wenn sie bereits formlos bestanden hat. Dabei läßt sich ein **vertikaler** und ein **horizontaler** Aufbau unterscheiden. Der erste entspricht dabei im wesentlichen der Betriebshierarchie von einfachen, exekutiven bis hinauf zu dispositiven Stellen. Der horizontale Aufbau berück-

---

1) ALBACH, Horst: Betriebsorganisation, in: HdSW, Bd. 8, hrsg. u. a. von Beckerrath, Bente, Brinkmann, Stuttgart-Tübingen 1964, S. 111.
2) Vgl. KORNDÖRFER, Wolfgang: Allgemeine Betriebswirtschaftslehre, Aufbau-Ablauf-Führung-Leitung, Wiesbaden 1970, S. 378.
3) KOSIOL, Erich: Organisation der ..., a. a. O., S. 32.

sichtigt die Aufgabengliederung nach personellen, materiellen oder funktionellen Kriterien auf der gleichen Rangebene (1).

4.1.1.1.1. Stellenbeschreibung und vertikale (hierarchische) Aufbauorganisation

Vornehmlich der "formelle Teil" der Stellenbeschreibung enthält Angaben, die dem Stelleninhaber einen bestimmten hierarchischen Standort innerhalb der Unternehmung zuweisen. Die klare Deklarierung von Über- und Unterordnungsverhältnissen sowie die Festlegung der Verbindungslinien zwischen Stellen veranschaulichen die (bewußte oder unbewußte) Hierarchie im Betrieb. Auf diese Weise wird dazu beigetragen, Hierarchie nicht zur autoritären Vorgesetztenstruktur werden zu lassen. Sie wird vielmehr transparent(2), wodurch ihre Vorzüge nutzbar zu machen sind. So werden etwa "... die Zusammenhänge zwischen den einzelnen Stufen und verschiedenen Bereichen (z.B. für die Unternehmensführung, Anm. d. Verfassers) erkennbar und ... viel leichter korrigierbar"(3). Aber auch der einzelne Stelleninhaber ist daran interessiert, die Aufgabenträger in seiner näheren und weiteren Umgebung genau hierarchisch einordnen zu können. Weiß er doch dadurch, für sich selbst sowie als Antwort auf interne und externe Befragung, an welche übergeordnete Stelle er sich zu wenden hat, wenn er mit Angelegenheiten konfrontiert wird, die er selbst nicht zu lösen imstande ist. Da dies meist bei **nicht alltäglichen** Fragen der Fall sein wird, sind einzig die Detailinformationen aus Stellenbeschreibungen dazu geeignet, Orientierungshilfen zu geben. Die sich durch Übersichtlichkeit auszeichnenden Organisationsdiagramme können, wie erwähnt, nur grundlegende Zusammenhänge aufzeigen, die keine spezifischen Fragen beantworten.

Jedoch ist es nicht nur wichtig, durch Stellenbeschreibung den vertikalen Aufbau **festzulegen**, sondern ihn auch dem einzelnen Aufgabenträger **zur Kenntnis zu bringen**. Dieser vermag nämlich "... nur dann zur vollen Entfaltung seiner Leistungsfähigkeit zu gelangen, wenn (bei ihm, Anm. d. Verfassers) ... hinreichende Kenntnis über die Abteilungsgliederung des Unternehmens, über den Instanzenzug und die Dienstwege besteht"(4). Zum Komplex der Über-

---
1) Vgl. KORNDÖRFER, Wolfgang: a.a.O., S. 378/79.
2) Vgl. BLEICHER, Knut: Grundsätze der Organisation, in: Organisation, TFB-Handbuchreihe, hrsg. von SCHNAUFER und AGTHE, Berlin-Baden Baden 1961, S. 164.
3) HÖHN, Reinhard: Stellenbeschreibung ..., a.a.O., S. 233 f.
4) GUTENBERG, Erich: Grundlagen ..., a.a.O., S. 249.

und Unterstellungsverhältnisse gehört auch die Frage nach den Regelungen, die durch Anweisungen von Vorgesetzten auszuführen sind. Grundsätzlich gibt es hierzu die Alternative einer generellen oder fallweisen Erteilung von Organisationsprinzipien. Nach dem "Substitutionsprinzip der Organisation" von GUTENBERG (1) geht die Tendenz aus Rationalisierungsgründen zur ständigen Erweiterung des Gebiets genereller Regelungen hin. Der in diesem Zusammenhang oft von allen Beteiligten geäußerte Vorwurf, Stellenbeschreibungen förderten diese Entwicklung und "zementierten" eher das Betriebsgeschehen, als es dynamisch zu halten, ist teilweise richtig, aber nicht einseitig negativ zu bewerten. Abgesehen davon, daß diese Einrede von bestimmten Betriebsangehörigen als Vorwand gegen jede organisatorischen Neuerungen angebracht wird, ist festzustellen, daß durch die generelle Regelung wiederholbarer Vorgänge Freiräume für nicht schematisierbare Sonderfälle geschaffen werden. Außerdem läßt der zügige Geschäftsablauf das Unternehmensziel besser erreichen als unnütze Dispositionsspielräume auf unteren Ebenen, die häufig zu Fehlentscheidungen führen. Es ist zwar richtig, daß Stellenbeschreibungen aus den genannten Gründen die einmal als effizient anerkannten Regelungen zu generalisieren versuchen. Andererseits sind sie aber nicht so unelastisch, daß sie an Veränderungen nicht angepaßt werden könnten. Dies geschieht durch Überarbeitung und Angleichung der Beschreibungen, die regelmäßig vorgenommen werden müssen.

In diesem Zusammenhang ist noch die Rückdelegation von Aufgaben zu nennen. Sie ist eine unerwünschte Erscheinung im Verkehr zwischen hierarchisch verbundenen Stellen. Sie kann durch Stellenbeschreibung weitgehend vermieden werden, da der untergeordnete Mitarbeiter Handlungsfreiheit im Rahmen des ihm zugeteilten Bereiches gegenüber dem Vorgesetzten erhält. Dieser Aktionsspielraum berechtigt, aber verpflichtet ihn auch zur selbständigen Arbeit. Das Eingreifen seines Chefs ist nur in außergewöhnlichen Fällen vorgesehen. Der Aufgabenträger kann also nicht Unkenntnis als Argument vorbringen, da sowohl er als auch sein Vorgesetzter wissen, was in seinen Zuständigkeitsbereich fällt. Die Informationen aus Stellenbeschreibungen liefern ihm eine Selbstkontrolle; denn er weiß genau, was im Normalfalle von ihm erwartet wird.

Abschließend sei zu diesem Kapitel vermerkt, daß die durch Stellenbeschreibungen festgelegten hierarchischen Strukturen bei den einzelnen Unternehmungen unterschiedlich stark gegliedert sein werden. In der Literatur werden oft einzelne Formen des vertikalen Aufbaus unterschieden. Wir halten es bei Stellenbeschreibungen für

---

1) Vgl. GUTENBERG, Erich: Grundlagen ..., a. a. O., S. 238 f.

unzweckmäßig, von vornherein, wie HÖHN(1) es vorschlägt, eine Unterscheidung nach Haupt-, Fach- und Disziplinarvorgesetzten vorzunehmen, denen dann Unterstellungsverhältnisse in Linien-, Fach-, Stabs-, Disziplinar- und Dienstleistungsfunktion möglich sein sollen(2). Eine solche (an militärische Rangordnungen erinnernde) Gliederung lehnen wir für die hier relevanten Zwecke ab. Es sei darauf verwiesen, daß die Aufgaben und deren Ausführung "im einzelnen in der jeweiligen Stellenbeschreibung so dargestellt werden, daß sich die Beziehungen daraus von allein ergeben"(3).

4.1.1.1.2. Stellenbeschreibung und horizontale Aufbauorganisation

Neben der vertikalen Einteilung nach den Kriterien von Über- und Unterstellungsverhältnissen ist auch eine horizontale Gliederung, also eine Aufgabenverteilung auf die parallel arbeitenden und auf gleicher Ebene verbundenen Stellen, notwendig. Durch die Festlegung der Aufgaben und Kompetenzen jedes B e r e i c h e s in der Stellenbeschreibung wird dabei weitgehend vermieden, daß Aufgaben entweder mehrfach oder gar nicht gelöst werden. "Die Stellenbeschreibung ermöglicht u.a., Art, Umfang und Bedeutung der vom Stelleninhaber zu erfüllenden Aufgaben im einzelnen zu erkennen"(4). Dadurch wird er zur Selbstanalyse befähigt, und er kann entsprechende Delegationen vornehmen oder eine Aufgabe aus seinem Pflichtbereich besser erfüllen.

Störungen des betrieblichen Geschehens treten regelmäßig dann auf, wenn Auftrag, Zuständigkeit und Verantwortung dem von der Unternehmensleitung dafür vorgesehenen Aufgabenträger nicht absolut klar sind. "Viele Probleme und fast die meisten Reibungsmöglichkeiten lösen sich in ein Nichts auf, wenn jeder im Betrieb weiß, was er anzustreben und zu tun hat und an wen er sich bei Entscheidungen, die er allein nicht treffen kann, zu wenden hat"(5). Derartige Probleme ergeben sich immer dort, wo die bisherigen Bestimmungen

---
1) Vgl. HÖHN, Reinhard: Stellenbeschreibung..., a.a.O., S. 233 f.
2) Vgl. HÖHN, Reinhard: Führungsbrevier der Wirtschaft, a.d.Rhe.: Menschenführung und Betriebsorganisation, Bd. 6, Bad Harzburg 1966, S. 171 f.
3) Vgl. SCHWARZ, Horst: a.a.O., S. 163-170.
4) Ebenda: S. 20.
5) OESCH, E. (Hrsg.): Kompetenzbereiche und andere Betriebsprobleme, in: Briefe an den Chef, 32. Jg., 2. Brief im Oktober 64, Nr. 1477, Thalwil - Zürich 1964; Zitiert nach: SCHWARZ, Horst: a.a.O., S. 8.

über Zuständigkeiten und Kompetenzen der einzelnen Stellen untereinander nicht ausreichen. Jeder Praktiker erlebt es täglich, daß die Neigungen seiner Mitarbeiter, Arbeiten hinauszuzögern, dann am größten sind, wenn bei ihnen Unklarheit darüber herrscht, von welcher Art die Aufgabe ist oder ob sie überhaupt in ihrem Zuständigkeitsfeld liegt. Die Stellenbeschreibung mit ihrer genauen Erfassung jedes einzelnen Aufgabenbereiches kann hier Abhilfe schaffen. Denn "... sind die Aufträge bestimmt, die eine Person oder Dienststelle ausführen soll, und sind die erforderlichen Zuständigkeiten in der Abteilung geschaffen und festgelegt, so sind damit zwei wesentliche Voraussetzungen für einen reibungslosen Vollzug des Betriebsablaufes erfüllt"(1).

4.1.1.2. Hilfsmittel zur Lösung ablauforganisatorischer Probleme

Unter Ablauforganisation wird im allgemeinen eine Raum-Zeit-Ordnung(2) verstanden, die zur rationellen Erfüllung von Teilaufgaben in einem Betrieb oder Betriebsverbund dient. Dabei soll höchste Wirtschaftlichkeit, Güte, Schnelligkeit, Terminsicherheit und Arbeitsfreude erzielt werden. Zwischen aufbau- und ablauforganisatorischen Problemen besteht jedoch starke Interdependenz. "In Wirklichkeit bedeutet die methodisch wichtige gedankliche Abstraktion von Aufbau und Ablauf nur verschiedene Gesichtspunkte der Betrachtung für den gleichen einheitlichen Gegenstand"(3). Viele Vorteile der Stellenbeschreibung, die im Komplex der Aufbauorganisation dargestellt wurden, haben deshalb direkte Auswirkungen auf das Ablaufgeschehen und sind somit schon behandelt. Dies ist auch axiologisch, wenn man sich klar macht, daß die exakte Festlegung der Aufbaustruktur ja nicht Selbstzweck ist, sondern fast immer zum Vollzug der Aufgaben dient, die zur Erreichung des Unternehmensziels notwendig sind. Wir haben weiter oben eindeutig darauf verwiesen, daß die Stellenbeschreibung bei der Lösung aufbauorganisatorischer Probleme auch stets gleichzeitig zur Sicherung des reibungslosen Geschäftsablaufs beiträgt, da sie aus Kompetenzstreit oder -unklarheit keinen Leerlauf aufkommen läßt. Stellenbeschreibungen können darüber hinaus auch spezielle Arbeits- und Dienstanweisungen in Form von Anleitungen zur raum-zeitlichen Abwick-

---

1) GUTENBERG, Erich: Grundlagen ..., a.a.O., S. 249.
2) Vgl. LINHARDT, Hanns: Grundlagen der Betriebsorganisation, a.d.Rhe.: Betriebswirtschaftliche Bibliothek, hrsg. von Wilh. Hasenack. Essen-Berlin 1954, S. 169.
3) KOSIOL, Erich: Organisation ..., a.a.O., S. 32.

lung von Aufgaben enthalten. Sie dienen somit auch direkt der Erfüllung der Postulate, die wir oben im Zusammenhang mit der Definition von Ablauforganisation aufgestellt haben. So verhilft z. B. geringer Leerlauf zur Schnelligkeit und zur Steigerung der Wirtschaftlichkeit. Es verbessert sich daneben die Güte der Arbeit, da durch die Arbeitsanweisungen der Stelleninhaber genaue Informationen erhält und die Gefahr falscher oder ungenauer Aufgabenlösungen abgemindert wird. Es wächst ferner die Terminsicherheit, da die Stellenbeschreibung Freiräume schafft und an Kalenderdaten erinnert. Und schließlich gibt die genaue Festlegung des Stellenbereiches Handlungsfreiheit und erübrigt weitgehend Intrigen gegen Vorgesetzte und Mitarbeiter. Diese selbständige und störungsfreie Aufgabenerfüllung verhilft zu einem "Erfolgserlebnis", das sich positiv auf die Arbeitsmoral und -freude auswirken kann.

4.1.1.3. Hilfsmittel zur Durchführung neuzeitlicher Führungs-, Kontroll- und Informationssysteme

Vielfach werden Unternehmensorganisation und Führungskonzeption getrennt gesehen und die engen Beziehungen zwischen beiden nicht berücksichtigt. Wir sind mit ULRICH(1) der Meinung, daß zwischen Unternehmensorganisation und -führung Interdependenzen in der Weise bestehen, daß die Organisationsstruktur auf eine bestimmte Führungskonzeption bezogen sein muß und nach deren Verwirklichung zu gestalten ist. "Als Unternehmensführung bezeichnen wir die Gesamtheit der Bestimmungshandlungen in der Unternehmung, d.h. jener Vorgänge, die darauf gerichtet sind, das zukünftige Verhalten des Systems Unternehmung festzulegen"(2). Stellenbeschreibungen haben wir ausführlich als ein wirksames Mittel zur Festlegung der Organisationsstruktur diskutiert. Wenn wir die oben unterstellte Wechselwirkung als richtig ansehen, scheint es uns geboten, im folgenden dies zu konkretisieren. Es soll daher an drei ausgewählten Beispielen versucht werden, Stellenbeschreibung als Hilfsmittel der Unternehmensführung aufzuzeigen. Dabei wird so vorgegangen, daß exemplarisch jeweils eine neuzeitliche Management-Technik dargestellt wird, bei der Stellenbeschreibung wirkungsvoll als Durchführungshilfe angewandt werden kann. Diese Techniken stammen aus den Bereichen:

---

1) Vgl. ULRICH, Hans: Führungskonzeption und Unternehmensorganisation, in: Beiträge zur Lehre von der Unternehmung, Festschrift für Karl Käfer, Stuttgart 1969, S. 297/298 f.
2) Ebenda: S. 298.

1. der Systematisierung und Vereinfachung von Managementaufgaben,
2. der durch das Management auszuführenden betrieblichen Kontrolle sowie
3. des kybernetischen Informations- bzw. Kommunikationssystems.

Mit dieser Auswahl wird keine Wertung vorgenommen. Weder die Zusammenstellung noch die Reihenfolge soll eine derartige Aussage treffen. Sie ist lediglich (unter Berücksichtigung einer gewissen repräsentativen Breite) nach dem Kriterium der Anwendungsmöglichkeiten von Stellenbeschreibungen zustande gekommen.

4.1.1.3.1. Stellenbeschreibung und management by exception

Es kann davon ausgegangen werden, daß die Aufgabenkonzentration im Management, primär im Top-Management, heute eine quantitative und qualitative Eskalation erfahren hat, daß sie nur noch durch Anwendung von Systemen[1] bewältigt werden kann. Eines dieser in den USA zahlreich entwickelten Systeme ist das sog. "management by exception", welches bereits auf F.W. TAYLOR zurückgeht. Es handelt sich dabei um ein System von Problemidentifizierung und Kommunikation, das auf der Arbeitsteilung, Delegation von Verantwortung und Weisungsbefugnis sowie einer weitgehenden Kontrolle basiert. Postulat ist dabei die Regelung, daß die Aufgabe des Vorgesetzten auf die Bearbeitung und Entscheidungsfällung von Ausnahmefällen beschränkt bleibt. Diese Organisationsform der Unternehmensführung dezentralisiert die Aufgabengliederung und läßt auf Grund eines Organisationsplanes alle normalen Entscheidungen von den zuständigen Stellen des Middle- und Lower-Managements völlig selbständig treffen. Durchaus ähnliches gilt übrigens für die "Führung im Mitarbeiterverhältnis", eine Führungsform, welche in Deutschland entwickelt wurde und ebenfalls die Delegation von Verantwortung zum Prinzip erhebt. Der Vorgesetzte hat sich hierbei hauptsächlich auf die Dienstaufsicht und Kontrolle seiner Mitarbeiter zu beschränken. Bei beiden Management-Techniken liegt die Problematik in dem Grad der exakten Festlegung von Kompetenzen und Verantwortungen, also in der organisatorischen Abgrenzung einzelner Stellen. Außerdem läßt sich ein System, das auf einer Differenzierung der Entscheidungen in normal und anormal basiert, nur dann wirksam durchführen, wenn der Stellenträger in der Lage ist, eine solche Unterscheidung ausdrücklich vorzunehmen. Stellen-

---

[1] Vgl. DWORAK, Wolfgang: Management in Europa und Amerika - Eine Analyse, Wiesbaden 1970, S. 1.

beschreibungen erfüllen diese Prämissen. Sie geben klare Definitionen der übertragenen Aufgaben, enthalten Richtlinien für die Entscheidungen, fixieren eindeutig Kompetenzen und Verantwortungen. Ihre Festlegungen genereller Regelungen machen die Selbstanalyse von Aufgaben für den Stelleninhaber einfacher, ermöglichen und erleichtern die Zuordnung in die Kategorie der Entscheidungen. Es wird dadurch möglich, die Aufmerksamkeit auf die Abweichungen zu konzentrieren. Der Vorgesetzte hat seinerseits die Kontrollmöglichkeit, ob er gemäß dem Management-by-exception-Prinzip zum Eingreifen veranlaßt ist oder sein Mitarbeiter eine unzulässige Rückdelegation vorgenommen hat. Darüber hinaus läßt sich feststellen, auf welcher Leistungsebene außergewöhnliche Fälle, je nach dem Umfang der Schwierigkeit und Problemstellung, gelöst werden sollen, was ebenfalls bei dieser Führungsorganisation entschieden werden muß und worauf Stellenbeschreibungen hinweisen. Management by exception - in dem übrigens fast alle modernen Management-Techniken ihren Ursprung haben - setzt also eine ausreichend tief gegliederte und allen Beteiligten bekannte Organisationsstruktur voraus. Im Idealfall kann eine Unternehmensleitung, die zukünftig nach diesem Prinzip verfahren will, auf Stellenbeschreibungen zurückgreifen, die auf Grund ihrer bekannten Eigenschaften eine Durchführung des management by exception und ähnlicher Techniken erst wirkungsvoll ermöglichen.

4.1.1.3.2. Stellenbeschreibung und Internal Control

Will die Unternehmensführung ihre komplexen Aufgaben und Verantwortungen pflichtgemäß, aber in vertretbarer Quantität wahrnehmen, so genügt es nicht, Entscheidungen wie bei der Organisationsform des management by exception zu delegieren. Dies ist nicht nur ungenügend, sondern es bedingt geradezu ein System innerbetrieblicher Kontrollen, die fundierte Ergebnisse liefern. Hierzu bedient man sich in jüngster Zeit auch bei uns verstärkt eines Systems, welches unter Beibehaltung des angelsächsischen Terminus "Internal Control" praktiziert wird. Dabei ist die Vokabel "Control" nicht mit "Kontrolle" (hierfür ist der Ausdruck "check" richtiger), sondern eher mit "Steuerung" zu übersetzen. Tatsächlich ist "Internal Control" auch nicht mit der internen (Kontrolle) Revision identisch; letztere ist vielmehr nur ein Teil von ihr. Zwar sind vielseitige Formen von Kontrollen ein Hilfsmittel der Internal Control. Hierzu kommt aber eine Vielfalt von wohlabgewogenen Maßnahmen, die bis zur entsprechenden Gestaltung der betrieblichen Organisation gehen.

Damit wird schon deutlich, daß man sich nicht etwa auf eine reine Überprüfung von Daten aus dem Rechnungswesen beschränkt, sondern vielmehr einen Steuerungsmechanismus konstruiert, der in alle

Bereiche der Unternehmung hineinreicht. Die folgende, aus dem Amerikanischen stammende, Definition macht wohl die Ziele am besten transparent: "Internal Control umfaßt sowohl den Organisationsplan als auch sämtliche aufeinander abgestimmten Methoden und Maßnahmen in einem Unternehmen, die dazu dienen, sein Vermögen zu sichern, die Genauigkeit und Zuverlässigkeit der Abrechnungsdaten zu gewährleisten und die Einhaltung der vorgeschriebenen Geschäftspolitik zu unterstützen". Man geht dabei davon aus zu kontrollieren, ob alle Kräfte im Betrieb optimal aufeinander abgestimmt sind. Nicht umsonst wird der Organisationsplan und die Ausgewogenheit der Maßnahmen obenan gestellt. Soll die Internal Control Abweichungen von den Zielprojektionen der Unternehmung feststellen, so sind klare Verteilungen und Zuständigkeitsregelungen der Aufgaben notwendig. Diese müssen bestimmen, wie sich das Management die Aufgabenerfüllung systemimmanent vorstellt. Deshalb ist also Voraussetzung einer im Sinne der Internal Control wirksamen Aufgabenverteilung eine klare, möglichst schriftlich festgelegte Abgrenzung von Verantwortung und Zuständigkeiten.

Auch hier bietet sich die Stellenbeschreibung geradezu als ideal an, diese Voraussetzung zu erfüllen. Der Überprüfer hat ja, im Rahmen des Internal Control, Arbeitsvorgänge immer wieder im nachhinein geistig zu vollziehen. Primär in Großbetrieben ist es ihm dabei nicht möglich, Fehler oder Abweichungen zu erkennen, wenn ihm nicht Detailkenntnisse davon gegeben sind, wie die einzelne Stelle ihre Aufgaben und Entscheidungen zu fällen hätte und ob sie hierzu kompetent war. Er erhält Einblick in die Einhaltung von Terminen und die ordnungsgemäße Bearbeitung und Abzeichnung von Vorgängen. Er kann den Belegfluß, den Informationsweg und die durch Funktionstrennung automatisch wirkenden Kontrollen nachvollziehen. Auf Grund von Stellenbeschreibungen kann er also ausreichend gut beurteilen, ob Aufgabenverteilungen und Arbeitsablauf den Vorschriften entsprechend gehandhabt werden oder worden sind. Ähnlich wie die Stellenbeschreibung beim management by exception dem einzelnen Aufgabenträger veranschaulicht, was ein Normalfall ist, signalisiert sie bei der Internal Control dem Überprüfer, ob nicht Sonderfälle aus Nachlässigkeit oder infolge von Irrtum als Normalfälle behandelt worden sind, so daß die ermittelten Ergebnisse ungenau sind und zu irreführenden Schlüssen verleiten. Die in Stellenbeschreibungen generalisierten Regelungen lassen sofort erkennen, ob etwa von untergeordneten Stellen Sonderanweisungen gegeben worden sind. Können solche festgestellt werden, müssen sie das besondere Interesse des Innenrevisors hervorrufen, da er hierbei auf Ausnahmen und Abweichungen des Normalfalles stoßen kann, die die Grenzen des grundsätzlichen und damit des reibungslosen Ablaufs entscheidend sprengen können. Die Aufgabe der Internal Control als ein Steuerungsinstrument macht es notwendig, alle Indispositionen im

Betriebsgeschehen zu analysieren und sie entweder durch sofortiges Eingreifen oder bei Planungen vorher zu eliminieren. Will man jedoch Verbesserungen erreichen, so muß diesen sinnvollerweise ein Soll-Ist-Vergleich vorangestellt sein. Dabei bieten u.a. die durch Stellenbeschreibung sichtbar gemachten Ist-Zustände die Basis der Beurteilung.

Management by exception, Internal Control und Stellenbeschreibung hängen in vielfacher Hinsicht eng miteinander zusammen. "Sie werden von demselben systembezogenen Grundprinzip beherrscht: Entlastung der Unternehmensleitung von einem Aufgabenbereich, für den sie dennoch die volle Verantwortung behält, durch nahezu zwangsläufige - d.h. ohne ihr ständiges Mitwirken und Eingreifen in Detailfragen mögliche - Sicherstellung des Erreichens gesetzter Ziele"[1]. Die Delegation von Aufgaben und ihre Kontrolle bedingen einander. Die Geschäftsleitung kann Entscheidungen nur in dem Maße von untergeordneten Stellen treffen lassen, wie sich eine pflichtgemäße Erfüllung retroperspektiv kontrollieren läßt. Für "Delegation" und "Revision" bieten Stellenbeschreibungen Grund- und Detailinformationen, die für eine Anwendung entsprechender Management-Techniken bei allen Beteiligten unerläßliche Prämissen schaffen und Daten setzen.

4.1.1.3.3. Stellenbeschreibung und Elektronische Datenverarbeitung

Es wäre nicht ausreichend, von Stellenbeschreibung als einem Hilfsmittel im System betrieblicher Organisation und Führung zu sprechen, ohne dabei auf ihre Bedeutung für die Datenverarbeitung mit Hilfe maschineller Anlagen hinzuweisen. Man kann sich weder heute noch in der Zukunft sinnvoll mit Management und Organisationsveränderungen beschäftigen, ohne dabei die Möglichkeit der Verarbeitung von Daten auf elektronischem Wege mit in die Überlegungen einzubeziehen. Es lassen sich damit Aufgabenkomplexe von großem Volumen verrichten und Informationen in kürzester Zeit abrufen. Ein sinnvoller Einsatz von EDV-Anlagen ist aber nur dann zu erzielen, wenn im Betrieb die erforderlichen organisatorischen Voraussetzungen geschaffen werden. Hierzu ist eine Schematisierung und Standardisierung von Problemen notwendig, da Computeraufgaben den Charakter logisch schlüssiger Systeme besitzen müssen. Die Durchführung der Aufgaben im Betrieb muß gleichbleibend festgelegt werden. Dies kann am besten schriftlich durch Stellenbeschreibung geschehen, da diese ja Aufgaben von der Person des Trägers abstrahieren und kein individuelles Abweichen zulassen. "Wenn

---
1) SCHWARZ, Horst: a.a.O., S. 21.

schriftliche Festlegungen der Arbeitsabläufe fehlen, dann läßt es sich nicht vermeiden, daß sich die Art ihrer Durchführung ständig ändert"(1). Damit ist aber eine Programmierung für den Computer gefährdet. "Der erfolgreiche Einsatz von Datenverarbeitungsanlagen setzt eine Vereinheitlichung des Betriebsablaufes voraus und engt den Spielraum für menschliche Intuitionen und Improvisation zugunsten eines geregelten organisatorischen Zwangsablaufs ein"(2). Auch bei der Datenverarbeitung ist es notwendig, ebenso wie beim management by exception und der Internal Control, für jede von ihr erfaßte Position eine klare Abgrenzung in Normalfälle und außergewöhnliche Probleme vorzunehmen. Sind die Regelmäßigkeiten auf diese Weise erkannt, so lassen sie sich als Arbeitsanweisungen für die EDV-Anlage formulieren und von ihr mit Genauigkeit und Schnelligkeit durchführen. Hierfür schafft die Stellenbeschreibung mit ihrer vorangegangenen Stellengliederung die notwendigen organisatorischen Voraussetzungen. "In der Stellenbeschreibung werden die mit der Stelle verbundenen normalen Aufgaben festgelegt. Von hier aus wird der Elektronik die Möglichkeit gegeben, zu alarmieren, damit entsprechend reagiert werden kann, wenn eine Abweichung vom Normalfall auftritt"(3). Dies gilt in gleicher Weise für den Einsatz von Datenverarbeitungsanlagen, die an Stelle von Personen Arbeitsvorgänge verrichten (etwa Rechnungen ausdrucken und verbuchen), wie auch für solche, die den Steuerungsmechanismus eines betrieblichen (Teil-)Geschehens zu überwachen haben. Ebenso ist es bei der Bereitstellung von Informationen durch die Anlage wichtig, die ausgegebenen Daten unmittelbar der richtigen Stelle zuzuordnen und ihr zur Verfügung zu stellen. "Fehlt eine exakte Stellenbeschreibung, werden Aufgaben (und Informationen, Anm. d. Verf.), die nach sachlichen Gesichtspunkten an eine bestimmte Stelle gehören, mit einer anderen Stelle verbunden, so kann das Informationssystem nicht funktionieren"(4).

Indem wir diesen Komplex abschließen, ergibt sich die Schlußfolgerung, daß Stellenbeschreibungen überall dort eine ideale Basis bilden, wo es entscheidend auf eine klare Eingliederung eines Aufgabenbereiches in das betriebliche Organisationsgefüge ankommt. Außerdem ist es für verschiedene Zwecke notwendig, über die Tätigkeiten in einer Stelle Einblick zu gewinnen, sie zu analysieren und

---

1) HELLMANN, Wolfgang: Betriebswirtschaftliche und führungspolitische Aspekte der maschinellen Datenverarbeitung, in: Führung in der Wirtschaft, a.a.O., S. 191.
2) Ebenda: S. 191.
3) HÖHN, Reinhard: Der Wandel im Führungsstil der Wirtschaft, in: Führung in der Wirtschaft, a.a.O., S. 84.
4) Ebenda: S. 84.

nach bestimmten Kriterien einer Gruppe zuzuordnen (z. B. Normalarbeiten und Sonderfälle). Stellenbeschreibung bietet für alle Beteiligten die Transparenz, die für eine moderne Unternehmensführung von Bedeutung ist. Für die drei ausgewählten und aufgezeigten Beispiele sind solche Notwendigkeiten und Voraussetzungen systemimmanent. Damit ist die Relevanz von Stellenbeschreibungen in diesem Bereich eindeutig gegeben.

4.1.2. Stellenbeschreibung im Rahmen informeller Organisation

4.1.2.1. Einführende Darstellung von informellen Erscheinungen im Betrieb

Die von der Unternehmensleitung unter rationellen Gesichtspunkten verfaßte und auf Grund von Autorität eingeführte Ordnung haben wir als "formelle Organisation" bezeichnet. Sie ist jedoch nur die planmäßig erfaßbare Seite der Regelung betrieblichen Geschehens und sozialer Integration. Durch die Vielzahl zwischenmenschlicher Beziehungen können nämlich interorganisatorische Ordnungen entstehen, die der Betriebswirt als informelle (bzw. informale) Organisation bezeichnet. Die Kenntnisse hierüber verdanken wir der Betriebssoziologie, die von sich aus den Begriff "informelle Organisation" ausdrücklich nicht verwendet, "da es sich hierbei nicht um ein rationelles System der Koordination"(1) handelt. Die Soziologie benutzt als Oberbegriff die "informelle Gruppe"(2), die als wichtigste informelle Erscheinung angesehen wird. Durch die Bezeichnung informell soll nicht ausgedrückt werden, daß die Gruppe in sich unstrukturiert und formlos wäre; es handelt sich vielmehr um eine lose, nicht durch einen organisatorischen Rahmen gefestigte Assoziation und formelle Gruppierung. Solche Gruppen entstehen durch ein Zugehörigkeitsgefühl des einzelnen in einer Organisation tätigen Menschen zu anderen, mit denen er sich durch gemeinsame Interessen oder Eigenschaften verbunden fühlt. Sie können innerbetrieblich durch persönliche, räumliche oder sachliche Kontakte entstehen, die Konformität mit formeller Organisation aufweisen oder gar durch sie hervorgerufen sein können. Sie gründen sich aber auch außerbetrieblich durch gemeinsame Herkunft oder Interessen (z. B. Sport,

---
1) DAHRENDORF, Ralf: Sozialstruktur des Betriebes, a. d. Rhe.: Die Wirtschaftswissenschaften, Hrsg. von Gutenberg, E., Wiesbaden 1959, S. 39.
2) Vgl. u. a. SCHOECK, Helmut: Kleines Soziologisches Wörterbuch, Freiburg 1970, S. 147.

Politik, Vereine). In allen hierarchischen Ebenen des Betriebes ist eine Neigung zur Gruppenbildung festzustellen; teils wird sie sogar durch betriebsinterne Gegebenheiten begünstigt (etwa durch gemeinsame Kantine für alle Abteilungsleiter). Derartige Gruppen können "informelle Führer" hervorbringen, Personen, die durch ihren sozialen Status, ihr persönliches Prestige, lange Betriebszugehörigkeit, ausgedehnte Berufserfahrung und Bildung anderer persönlicher Präferenzen ein besonderes Vertrauen genießen und als Autorität anerkannt sind, ohne formell Vorgesetzte zu sein.

Informelle Erscheinungen entstehen überall dort, wo die formelle Organisation ihre Grenzen hat. Kein Organisationsplan kann die Koordination bis ins einzelne regeln, so daß sich Formen der Solidarität und Hilfe, überhaupt Gewohnheiten einstellen. So ist informelle Organisation als Ergänzung durchaus notwendig, da keine Organisation effektiv arbeiten oder lange existieren kann, wenn informelle Gruppen ihr entgegenstehen oder sie nicht unterstützen.

4.1.2.2. Hilfsmittel zur Lösung informeller Organisationsprobleme

Die Aktivitäten informeller Gruppen und ihrer Führer erstrecken sich primär auf zwei Bereiche, die für den Betriebsablauf besonders relevant sind. Sie entwickeln einmal eigene Normen und Wertvorstellungen von Arbeitsverrichtungen, Führungsanweisungen, Mitarbeitern und Vorgesetzten. Zum anderen übernehmen sie den inoffiziellen Teil betrieblicher Kommunikation. Bei beidem ist es von Bedeutung festzustellen, ob sie Zielkonformität mit der Unternehmensführung aufweisen. Tun sie es nicht, können sie störend, ja sogar zerstörend wirken. Im positiven Falle ist Kongruenz zwischen Führungsentscheidung und Gruppenwille gegeben. Letzterer kann dabei sogar den formellen Ablauf entscheidend fördern und zur Leistungssteigerung beitragen. Besteht keine Kongruenz, so kommt es zwangsläufig zu "informellen Konflikten" mit großen Nachteilen für das Unternehmen und die Belegschaft. Als Symptome sind ein mehr oder minder starkes Sabotieren der Arbeitsleistung und sich zunehmend verschlechternde menschliche und dienstliche Kontakte zwischen Mitgliedern der Gruppe und Außenstehenden zu nennen. Gründe für derartiges Verhalten liegen in den von der Gruppe aufgestellten Normen und Wertvorstellungen. Sie führen hauptsächlich zur Ablehnung bestimmter Führungsanweisungen und Maßnahmen. Darüber hinaus liegt "eine der häufigsten Formen des informellen Konfliktes in der Ablehnung bestimmter Personen (oft Vorgesetzter, Anm. d. Verf.). Indem informelle Gruppen sich als "Cliquen" abschließen und außenstehenden Kollegen den Zugang versperren, können sie die funktionalen und skalaren Strukturen der formellen Organisation durchkreuzen und lähmen"(1). Forscht man nach den Motivationen für die Aufstellung derartiger Normen und Wertvorstellungen, so lassen sich hauptsächlich zwei herauskristallisieren: Erstens versucht die informelle Gruppe, sich vermeintliche P r ä f e r e n z e n zu sichern, zweitens ist sie eine Keimzelle für V o r u r t e i l e . Bei diesen beiden relevanten Gründen sind u. E. Ansätze gegeben, um durch Stellenbeschreibung informelle Konflikte einzudämmen. Es ist jedoch falsch anzunehmen, negative informelle Erscheinungen ganz eliminieren zu können, auch wenn sie bekannt sind. Das Problem wäre nur dann zu lösen, wenn sie bei formellen Regelungen so berücksichtigt werden können, daß sie mit diesen übereinstimmen. Auf diese Weise ließen sich sogar ihre positiven Seiten nutzen. Da sie sich jedoch immer als spontan gebildete Primärgruppen exponieren, "sind sie nicht nur keine formellen Bestandteile der Organisation, sondern sie sind auch nicht formalisierbar"(2). Trotzdem sind Stellenbeschreibungen, die wir hinreichend als Hilfsmittel formeller Organisation charakterisiert haben, ebenfalls tauglich, um innerhalb informeller Konflikte positiv zu wirken.

Erinnern wir uns dabei an die oben genannten Motivationen. Zur Präferenzensicherung ist dabei zunächst folgendes zu bemerken: Wir haben gesagt, daß Stellenbeschreibungen die Gesamtorganisation für jeden Mitarbeiter transparenter gestalten als bisher. Das hat zur Folge, daß eventuell eingeräumte Vorteile jetzt entweder für alle sichtbar sind und damit nicht länger einer bestimmten Gruppe gewährt werden können. Es kann aber auch sein, daß die informelle Gruppe den vermeintlichen Charakter der Vorteile erkennt, also feststellt, daß sie gar keine Privilegien genießt. Die exakte Festlegung der formellen Organisation durch die Stellenbeschreibung läßt also Bevorzugungen nur noch im geringeren Maße zu. Dies kann zur Auflösung der Interessengruppen führen, da jetzt alle Beteiligten gegenseitig ihre Kompetenzen kennen und sich auf deren Erfüllung konzentrieren müssen.

Was die Gruppenbildung auf Grund von Vorurteilen gegen Menschen und Sachen angeht, so lassen sie sich meist auf die geringe oder falsche Kenntnis der wahren Sachverhalte zurückführen. In jedem Unternehmen gibt es ein informelles Kommunikationssystem, durch das Nachrichten über Personen und Sachen weitergegeben werden. Dieses System ist unzuverlässig, weil informelle Gruppen nicht konstant sind und die durch ihre Mitglieder weitergegebenen Informationen starken individuellen Wertungen und damit Verfälschungen unterliegen. Als deren Folgen entstehen Ressentiments, die die Ent-

---
1) DAHRENDORF, Ralf: a.a.O., S. 49.
2) Ebenda: S. 40.

scheidungs- und Willensbildung informeller Gruppen bestimmen. Sie können das Betriebsklima verschlechtern, die Arbeitsfreude senken und damit zielkonträr wirken. Stellenbeschreibungen sind ein Hilfsmittel, Informationslücken innerhalb der formellen Organisation zu schließen und dem menschlichen Grundbedürfnis nach Information nachzukommen. Sie entziehen damit der Vorurteilsbildung weitgehend die Basis und beheben Störungen des formellen Informationsflusses. Diese Störungen sind umso unerwünschter, je mehr Informationen zur Entscheidung fallweiser Regelungen gegeben werden müssen. Auch diese Gefahren werden von Stellenbeschreibungen m i n i m i e r t. Wie wir weiter oben gesagt haben, wird durch sie das Feld grundsätzlicher Regelungen erweitert.

Halten wir also fest, daß Stellenbeschreibungen n i c h t in der Lage sind, informelle Erscheinungen in formelle u m z u w a n d e l n. Sie können aber durch bestimmte Eigenschaften informelle Konflikte b e g r e n z e n oder verhindern und damit durch informelle Gruppen potentiell entstehende Zielstörungen vermeiden.

4.2. Aufgaben und Anwendungsmöglichkeiten im Bereich des Personalwesens

Wir haben bisher die Stellenbeschreibung fast ausschließlich als ein praktisches Hilfsmittel der Bereiche Betriebsorganisation und Unternehmensführung bezeichnet. Hierbei trat jene Aufgabe stark in den Vordergrund, die wir mit Schaffung, Gliederung und Abgrenzung von Aufgabengesamtheiten umschrieben haben. Dadurch wurden die Anwendungsmöglichkeiten von Stellenbeschreibungen überall dort deutlich, wo zur Lösung betrieblicher Teilprobleme eine Fixierung von Stellen über längere Distanz unabdingbar ist. Ihr Anwendungspotential ist damit jedoch keineswegs einseitig strukturell in der Betriebsorganisation begrenzt. Vielmehr bietet ihr tiefgreifender Inhalt die Möglichkeit, sie als Hilfsmittel auch in anderen betrieblichen Teilbereichen anzuwenden.

Vom Organisationsstandpunkt her haben wir durchaus korrekt unterstellt, daß die Festlegung der Aufgabengesamtheit einer Stelle von ihrem derzeitigen Träger zu abstrahieren ist. Trotzdem darf nicht übersehen werden, daß Stellen kein Selbstzweck sind, sondern dahinter Menschen stehen, denen aus humanitären und sozialen Gründen besondere Aufmerksamkeit gebührt. Ihre persönliche Entfaltung - privat und beruflich - hängt oftmals in vielfacher Hinsicht von ihrer Tätigkeit im Betrieb ab. Auch das Unternehmen profitiert davon, wenn die Leistungsbereitschaft des Mitarbeiters steigt, weil er mit seinem Aufgabenbereich zufrieden ist. Bei einer solchen Verknüpfung von Person und Stelle ist es naheliegend, daß die Beschreibung der Aufgabengesamtheit natürlich auch d e m Betriebsbereich von Nutzen ist, der sich in erster Linie mit dem Produktionsfaktor "Arbeit" zu beschäftigen hat. Dem P e r s o n a l w e s e n (auch Personalwirtschaft, Personalabteilung u. a. m.) dienen dabei primär jene Teile von Stellenbeschreibungen, die einerseits die Anforderungen (Anforderungsprofil) und andererseits die Voraussetzungen (Eignungsprofil) für die betreffende Stelle festlegen. Strebt ein Betrieb mit der Einführung von Stellenbeschreibungen speziell ihre Anwendungsbezogenheit im Personalwesen an, so ist es notwendig, die eben erwähnten Teile entsprechend zu gewichten.

Das Personalwesen kann vertikal in Personalpolitik, -führung und -verwaltung gegliedert werden. Im folgenden wird dargestellt, wie in einigen "Unterbereichen" dieser drei Gliederungskomplexe die Stellenbeschreibung als Hilfsmittel verwendet werden kann. Die Auswahl wurde lediglich nach Gesichtspunkten der Anwendungsmöglichkeit getroffen und stellt keine Wertung dar.

4.2.1. Hilfsmittel der Personalplanung und Personalbeschaffung

Bedient man sich orthodox der oben festgelegten Gliederung des Personalwesens in Personalpolitik, -führung und -verwaltung, so passen die im folgenden unter gemeinsamer Überschrift behandelten Unterpunkte Personalplanung und -beschaffung rein formal nicht zusammen. Danach wäre nämlich die Planung des zukünftigen Personalbedarfs ein wichtiges Element der Personalverwaltung. Hingegen wird die Beschaffung von Arbeitskräften zu den Grundfragen der Personalpolitik gezählt. Da beide Bereiche sachlich - logisch zusammen - und chronologisch hintereinander gehören, scheint uns die gewählte Methodik vertretbar zu sein. Dies schon deshalb, weil für die weiteren Ausführungen ja nicht das Personalwesen Untersuchungsobjekt ist, sondern vielmehr die Verwendbarkeit von Stellenbeschreibungen in verschiedenen Teilbereichen des Personalwesens aufgezeigt werden soll. Sie bildet damit den gemeinsamen Sachzusammenhang in diesem Kapitel.

4.2.1.1. Stellenbeschreibung und Durchführung der Personalplanung

Dem Personalwesen obliegt es als eine Hauptaufgabe, den Produktionsfaktor Arbeit zur rechten Zeit, am richtigen Ort, in ausreichender Menge und entsprechend den betrieblichen Anforderungen zur Verfügung zu stellen. Diese Aufgabe kann im Sinne der Unternehmung rationell nur dann erfüllt werden, wenn eine annähernd exakte **Ermittlung des notwendigen Bedarfs** vorliegt und unter Berücksichtigung aller Möglichkeiten Vorstellungen zu **seiner Deckung** entwickelt werden. Eine solche (langfristige) Personalplanung wurde bisher in den Betrieben oft zugunsten von fallweisen Entscheidungen vernachlässigt. Durch die Erweiterung des ökonomischen Horizonts auf Grund wissenschaftlicher Forschung und durch Wandlungen im Bereich technischer Produktion muß heute jegliche unternehmerische Planung weiter in die Zukunft gerichtet sein. Diese Notwendigkeit gilt in gleicher Weise auch für das Personalwesen. Dessen Handlungen dürfen nicht länger von Tagesbedürfnissen bestimmt werden, sondern müssen mit den Unternehmenszielen im Einklang stehen. Sie haben sich an dem Strukturwandel des Arbeitsbedarfs und Arbeitsmarktes zu orientieren. Die Aufgabe der Personalplanung ist es demnach, den für die Zukunft zu erwartenden Personalbedarf sowohl quantitativ als auch qualitativ festzustellen und Vorsorge für eine dem Bedarf entsprechende Bereitstellung an Arbeitskräften zu treffen. Wenden wir uns zunächst der Bedarfsplanung zu und diskutieren die Rolle, die dabei den Stellenbeschreibungen zufällt.

4.2.1.1.1. Ermittlung des Personalbedarfs

4.2.1.1.1.1. Ermittlung des quantitativen Bedarfs

Bei der Ermittlung des Personalbedarfs lassen sich generell die zwei Kategorien **Ersatz- und Erweiterungsermittlung**(1) unterscheiden. Der Ersatzermittlung wird in der Regel nur eine sehr begrenzte Aufgabe zugestanden. Sie erschöpft sich meist in der Tatsache, daß von ihr angezeigt wird, wo eine Stelle, deren Inhaber ausscheidet, mit einer fachlich gleichwertigen Person zu besetzen ist. Dabei bleibt jede quantitative Variation im Stellenplan unberücksichtigt. Es handelt sich also um eine reine "Reinvestition" von Arbeitskräften. Mit der Stellenbeschreibung wird der Ersatzermittlung ein Instrument an die Hand gegeben, das ihren einseitig statischen Charakter verändert. Es scheint nämlich sinnvoll, aus Anlaß der Ersatzplanung für eine vorübergehend unbesetzte Stelle die betreffende Beschreibung heranzuziehen und auf Grund dieser Information einige Überlegungen anzustellen. So bietet sich beispielsweise an, in Zusammenarbeit mit der Organisationsabteilung möglicherweise

---

1) Besser scheint der Ausdruck "Veränderungsermittlung" zu sein, da der Bedarf ja auch sinken kann.

schon geplante oder neu festzulegende Veränderungen oder Rationalisierungen durchzuführen. Dabei sind Ergebnisse denkbar, die u. U. ganz von der eigentlichen Ersatzermittlung, die den Anstoß gab, weg und zu anderen Bereichen (z. B. der quantitativen Veränderung) hinführen. Die Stellenbeschreibung kann hier Instruktionen über Art und Umfang von eventuellen Umgestaltungen liefern.

Ein anderes Beispiel, wie eine Stellenbeschreibung im Rahmen der Ersatzermittlung angewendet werden kann, bietet der Fall der Kündigung durch den Stelleninhaber. Hier kann die Einsichtnahme in die Stellenbeschreibung dem mit der Ersatzermittlung beauftragten Mitarbeiter oft die "wahren" Gründe für die starke Fluktuation verdeutlichen. Diese können etwa in einer zu geringen Verantwortung oder der übermäßigen Belastung des Stelleninhabers liegen. Die aufgetretenen Mißstände sind dann leicht zu eliminieren, indem neue Organisationsregelungen in die Stellenbeschreibung aufzunehmen sind.

Die quantitative Bestimmung des Personalbedarfs, hauptsächlich die Erweiterungsermittlung, die bei mengenmäßigem Auftragswachstum einsetzt, sollte von einer Einteilung der Belegschaft in direkt und indirekt produktiv tätige Mitarbeiter ausgehen. Da diese Klassifizierung in den meisten Unternehmen Schwierigkeiten macht, bietet sich schon hierbei die Stellenbeschreibung als ideales Hilfsmittel an. Ist eine solche Zuordnung vorgenommen worden, so ergeben sich bei der Berechnung des Arbeitskräftebedarfs dort keine großen Probleme, wo die Einsatzmenge des Faktors "Arbeit" als Funktion der Produktionsmenge ausgedrückt werden kann. Wenn die durchschnittliche Korrelation zwischen Aufgabenumfang und -träger bekannt ist, läßt sich bei Herstellungsschwankungen durch diese Funktionen der Personalbedarf annähernd berechnen. Hierbei ergeben sich regelmäßig keine mathematischen, wohl aber erfassungstheoretische Probleme, die dann auftreten, wenn die Zuordnung eines Stelleninhabers zu einer Aufgabengesamtheit nicht eindeutig erfolgen kann. Voraussetzung ist nämlich, daß dem Personalplaner z. B. als Datum bekannt sein muß, wieviele Aggregate von einem Arbeiter bedient werden können. Hier vermag wieder die Stellenbeschreibung eine Lösung herbeizuführen. Sie fixiert ja unmißverständlich den vom Stelleninhaber zu erledigenden Aufgabenkomplex und legt beispielsweise die Relation zwischen Arbeiter- und Maschinenzahl fest. Damit erhält die quantitative Bedarfsplanung jene Daten, die ihr eine annähernd exakte mathematische Lösung ermöglichen. Dieses Beispiel läßt sich auch auf die Aufgaben in Dienstleistungsbetrieben übertragen. GUTENBERG nennt u. a. ein Beispiel aus der Buchhaltung.

Bisher sind wir nur von Bedarfsänderungen ausgegangen, die relativ vorhersehbar waren (z. B. Kapazitätserweiterungen). Schwieriger wird es dagegen, wenn die Bedarfsplanung unvorhersehbare Schwankungen einbeziehen soll. Auch die Stellenbeschreibungen können in diesen Fällen lediglich T e i l l ö s u n g e n bereitstellen, bei denen außerbetriebliche Imponderabilien weitgehend unberücksichtigt bleiben müssen. Als Hilfsmittel sind sie nur so weit verwendungsfähig, wie in Mehrbereichsbetrieben Schwankungen im Beschäftigungsgrad eines Bereiches auftreten und diese durch Dispositionsspielräume ausgeglichen werden können. Sie zeigt dabei der Personalplanung, in welchem Grad Stelleninhaber flexibel sind, um (durch Vergleich zwischen Anforderungs- und Eignungsprofil) in anderen Stellen eingesetzt werden zu können.

Zugegebenermaßen handelt es sich hier nicht so sehr um Planung, als vielmehr um eine Reaktion auf bestimmte Ereignisse.

Quantitative Personalbedarfsplanung hat jedoch nicht nur m u l t i p l e , also rein mengenmäßige Aufgabenschwankungen zu berücksichtigen, sondern auch m u t a t i v e , also solche, die durch neue Arten von Aufgaben entstehen. Dabei kann Stellenbeschreibung, wie bereits im Rahmen der Organisation behandelt, konstitutiven Charakter haben, d. h. sie wirkt entscheidend bei der Etablierung und Abgrenzung der n e u e n Stellen mit.

Am schwersten sind jedoch jene Mitarbeiter in die Planung einzubeziehen, die wir als i n d i r e k t p r o d u k t i v Tätige bezeichnet haben. Hierzu gehören beispielsweise die in der Forschung oder im Ausbildungswesen Angestellten. Probleme gibt es in diesem Zusammenhang deshalb, weil ihr Arbeitsergebnis nicht quantifizierbar ist und weder an das Produktionsvolumen, noch an einen bestimmten Vorgang gebunden werden kann. Ähnliches gilt übrigens auch für viele kaufmännische Tätigkeiten, zumindest soweit es sich nicht um einfache mechanische Verrichtungen handelt, die dann doch wieder im Ergebnis eindeutig gemessen werden können. Für alle Arbeiten, die indirekt produktiv sind und nicht nur ausführenden Charakter haben, ist die Bedarfsermittlung durch Organisationsentscheidungen vorzunehmen. Als Hilfsmittel dienen Organisationsschemata und Organisationspläne. Der Bezug zur Stellenbeschreibung ergibt sich nun daraus, daß wir diese als brauchbare Organisationshilfe bezeichnet und sie in der Qualität generell dem Organisationsschema übergeordnet haben. Damit läßt sich auch ihre Verwendbarkeit bei der Personalbedarfsplanung von indirekt produktiv tätigen Mitarbeitern begründen.

4.2.1.1.1.2. Ermittlung des qualitativen Bedarfs

Da die einzelnen Stellen unterschiedliche Voraussetzungen in geistiger, körperlicher und charakterlicher Hinsicht von ihren Inhabern fordern, genügt es nicht, den Bedarf an Arbeitskräften rein quantitativ festzustellen und zu planen. Es muß darüber hinaus analysiert werden, welche Anforderungen die Aufgabengesamtheit an diejenigen stellt, die sie ausführen wollen. Diese Aufgabe muß auf der Stellenbeschreibung basieren und kann nur mit deren Hilfe ausreichend gelöst werden. Sie ist in diesem Zusammenhang das schriftliche Ergebnis von Untersuchungen, die zur Analyse der im Betrieb vorzufindenden Arten von Arbeitsleistungen angestellt werden sollten. Diese Untersuchungen werden meist nicht von der Personalabteilung, sondern durch die zuständige Fachabteilung ausgeführt. Die Personalplaner, die in der Regel von der Fachabteilung extern arbeiten, sind also gezwungen, auf die Ergebnisse der Stellenbeschreibung zurückzugreifen. Dies ist bei einer gut ausgebauten Beschreibung der Aufgabenkomplexe und ihrer Anforderungen vollkommen ausreichend. Andere Methoden zur Bestimmung des qualitativen Personalbedarfs sind bislang (so weit von uns zu übersehen) wohl nicht entwickelt worden. Dies ist auch schlecht vorstellbar, da es hierzu immer notwendig sein wird, jede einzelne Stelle genau zu kennen.

Auch dort, wo keine Stellenbeschreibung vorliegt, wird mindestens der zuständige Meister oder Abteilungsleiter herangezogen, um mündlich eine kurze Darstellung von der zur Diskussion gestellten Aufgabengesamtheit zu geben. Die Stellenbeschreibung gibt objektivere Informationen und ist der Personalplanung ständig zugänglich. Die Gefahr subjektiver Auskünfte wird gemindert. (Ein Abteilungsleiter könnte z. B. aus verschiedenen Motiven die ihm untergebenen Stellen als besonders qualifiziert oder disqualifiziert darstellen.) Der Personalplaner braucht sich darüber hinaus nicht nur auf das hierfür besonders geeignete "Anforderungsprofil" einer Stelle zu beschränken. Er kann sich auch durch Betrachtung anderer Teile der Stellenbeschreibung ein Bild von den zu verrichtenden Aufgaben machen und so selbst die Notwendigkeit gewisser Voraussetzungen beurteilen.

4.2.1.1.2. Beschaffung des Personalbedarfs

4.2.1.1.2.1. Personalwerbung

Ist der Personalbedarf quantitativ und qualitativ ermittelt worden, so stellt sich die Aufgabe nach dessen Beschaffung. Die Gewinnung neuer Arbeitskräfte ist für jedes Unternehmen ein permanentes Problem, da nicht nur bei der Gründung oder Expansion erstmaliger oder zusätzlicher Bedarf auftritt, sondern auch ständig Ersatzeinstellungen für ausgeschiedene Mitarbeiter vorgenommen werden müssen. Dies wird noch durch die Knappheit der Arbeitskräfte in Zeiten der Hochkonjunktur und durch den Trend zum Bedarf von ständig qualifizierteren Kräften (vorwiegend Führungskräfte) erschwert. Die Personalbeschaffung wird daher für jede Hilfe dankbar sein, die sich ihr auf organisatorischem oder sonstigem Weg zur Problemlösung bietet. Untersuchen wir also, inwieweit die Stellenbeschreibung hier eine solche Hilfe sein kann.

Die erste Aufgabe der Personalbeschaffung muß es sein, all diejenigen Potentiale zu erkunden, aus denen sich die zukünftigen Inhaber einer zu besetzenden Stelle rekrutieren könnten. Zunächst kann sie dabei sondieren, ob durch Beförderung oder Versetzung eigener Mitarbeiter eine Besetzung der freien Stelle möglich ist. Hierbei erhält sie auf Grund von Stellenbeschreibungen genaue Hinweise darüber, mit welchen Aufgaben der Mitarbeiter bisher betraut war und ob er durch die hier gewonnenen Erfahrungen für eine andere Stelle vorgeschlagen werden kann. Da davon auszugehen ist, daß er dem Anforderungsprofil seiner bisherigen Stelle entsprochen hat, ist dies gleichzeitig eine Information darüber, welche Voraussetzungen er mitbringt. In dem gleichen Maße, wie die Stellenbeschreibung die Möglichkeit der Stellenbesetzung mit e i g e n e n Mitarbeitern fördert, trägt sie zum Abbau der Fluktuationsgründe bei, da sie die im Betrieb gegebenen Aufstiegschancen erkennen läßt.

Auch bei der Heranziehung von Arbeitskräften aus dem Markt spielt Stellenbeschreibung eine Rolle. Ihre Informationen erleichtern das Abfassen von A n n o n c e n und sonstigen öffentlichen Ausschreibungen von Stellen. Bei der Werbung über Arbeitsämter oder -vermittlungen können diese klarer erkennen, für welche Aufgaben Mitarbeiter gesucht werden. In diesem Zusammenhang kann sogar angenommen werden, daß ein Betrieb durch eine gute Stellenbeschreibung an Attraktivität entscheidend gewinnt und selbst in hochkonjunkturellen Phasen leichter Mitarbeiter bekommt als andere.

So berichtet HÖHN(1) z. B. von einem Bauingenieur, der seinen Entschluß, eine bestimmte Stelle anzunehmen, wesentlich damit begründet, daß ihm der neue Betrieb eine detaillierte Stellenbeschreibung vorlegen konnte und er so genau darüber informiert war, was ihn in der angestrebten Position erwartete. Einer solchen Argumentation kann zugestimmt werden, da es Stellenbewerbern sicherlich leichter fällt, sich für ein neues Aufgabengebiet zu entscheiden, wenn sie die betreffende Stellenbeschreibung lesen und die damit verbundenen Anforderungen abschätzen können.

Schließlich sei in diesem Zusammenhang noch darauf verwiesen, daß die Stellenbeschreibung grundsätzlich in hervorragender Weise ge-

---

1) Vgl. HÖHN, Reinhard: Stellenbeschreibung..., a.a.O., S. 95.

eignet ist, das Tätigkeitsfeld, welches dem Mitarbeiter im Rahmen des Personaleinsatzes übertragen wurde, näherzubringen. Sie dient ihm dazu, sein Arbeitsgebiet rasch zu erfassen und einen Überblick zu gewinnen. Dies trifft hauptsächlich für neu eingestellte Personen zu, die somit nicht hilflos vor ihren Aufgaben stehen sondern sich mit Hilfe konkreter Informationen rasch einarbeiten können. Das gleiche gilt auch für Personen, die an einer anderen Stelle Vertretung übernehmen müssen. Vor allem dann, wenn in jeder Stellenbeschreibung die potentielle Vertretungskraft genannt ist, kann letztere sich schon vorsorglich mit der Beschreibung der zu vertretenden Stelle befassen, um im Notfall unmittelbar einspringen zu können. Aber auch dann, wenn ein Mitarbeiter plötzlich eine Aufgabe aus einem anderen Bereich übernehmen muß, wird er dies schneller und reibungsloser tun können, wenn ihm die Stellenbeschreibung vorliegt, aus deren Gebiet die Aufgabe stammt.

4.2.1.1.2.2. Personalauswahl

Haben sich auf Grund der Personalwerbung mehr potentielle Mitarbeiter für eine Stelle gemeldet, als momentan benötigt werden, so ist eine Selektion der Bewerber notwendig. Gesamtbetrieblich wird dabei häufig die Zielsetzung verfolgt, die Kurve der Eignungen an die Anforderungen möglichst eng heranzuführen.

Bei der Auswahl eines neuen Mitarbeiters zur Besetzung einer Stelle wird oft von dem Prinzip ausgegangen: "an jeden Platz den besten Mann". Diese Methode zeigt jedoch dann Mängel, wenn einem einseitig spezialbegabten ein für die Stelle ebenso geeigneter "all-round" Bewerber entgegensteht. Hierbei wird eher der Grundsatz "jede Spezialbegabung an den Platz, für den sie am besten geeignet ist" angewandt werden müssen, da sonst der vielseitig Begabte für die Besetzung einer anderen Stelle nicht mehr zur Verfügung steht und der einseitig Spitzenbegabte vielleicht überhaupt nicht eingestellt werden könnte. Allgemein wird es also darum gehen, von der reinen Spitzenauslese zugunsten einer differenzierten Analyse der Anforderungs- und Eignungsprofile überzuwechseln. Dieser Analyse dienen einerseits die eingereichten Unterlagen des Bewerbers, soweit aus ihnen seine Qualifikation entnommen werden kann, und andererseits die Stellenbeschreibung, weil ihr Tätigkeitskatalog die adäquaten Anforderungsarten darlegt.

Wissenschaft und Praxis haben zur Auslese von Arbeitskräften eine Reihe von Methoden entwickelt, wie z.B. Leistungs- und/oder Charaktertests. Diese sollen zur Bestimmung des Eignungsgrades von Bewerbern beitragen. Hinzu kommen medizinische, psychologische u.a. Untersuchungen. Auf den Inhalt dieser Methoden soll hier nicht weiter eingegangen werden. Für uns ist nur wichtig, daß ihre Ergebnisse lediglich dann verglichen, bewertet und die entsprechenden Schlüsse aus ihnen gezogen werden können, wenn sie sich auf die entsprechenden Stellen p r o j i z i e r e n lassen. Anders ausgedrückt bedeutet dies, daß im günstigsten Fall mit Hilfe einer Stellenbeschreibung beurteilt werden kann, ob ein Testergebnis ein positives oder negatives Votum bezüglich einer Stellenbesetzung abgibt. Hat ein Test, um hierfür ein Beispiel zu nennen, einen Bewerber als besonders gewissenhaft und akkurat charakterisiert, so scheint er für die Stelle besonders geeignet, deren Beschreibung ein gewisses Maß an Genauigkeit verlangt. Die Stellenbeschreibungen bieten also bei der Personalauswahl die Möglichkeit, denjenigen Bewerber auszusuchen, dessen Eignung dem Anforderungsprofil der Stelle am besten entspricht.

4.2.2. Hilfsmittel im Rahmen sonstiger Maßnahmen des Personalwesens

4.2.2.1. Stellenbeschreibung und mathematische Personaleinsatzplanung

Ein weiteres Teilgebiet des Personalwesens ist die Personal e i n s a t z p l a n u n g . Ihre Aufgabe besteht darin, "... einer bestimmten Anzahl verfügbarer, in der Regel unterschiedlich geeigneter Arbeitskräfte bestimmte Tätigkeitsbereiche derart zuzuweisen, daß die unternehmerische Zielsetzung bestmöglich erfüllt wird"(1).

Eine solche Aufgabe stellt sich nicht nur bei der Auswahl von Arbeitskräften zum Einstellungsbeginn, sondern auch während der Zeit, in der ein Mitarbeiter tätig ist. Permanente Veränderungsvorgänge im Betriebsprozeß machen Umbesetzungen oder Aufgabenveränderungen notwendig. Hierbei muß wiederum unter Abstimmung von Eignungspotential und Anforderungsgrad der optimale Personaleinsatz geplant werden. Neben den bereits bei der Einstellungsselektion besprochenen empirisch-wissenschaftlichen Möglichkeiten des Vorgehens, wurden in jüngster Zeit auch mathematische Lösungsmodelle entwickelt. Man versucht, die dabei relevanten Größen zu bezeichnen, sie in einer Matrix zu erfassen und mit Hilfe bestimmter Varianten der "Transportmethode" im Rahmen linearer Programmierung praxisrelevante (Teil-) Optima zu errechnen.

---
1) Vgl. DOMSCH, Michel; GABELIN, Thomas: Der Aufbau eines Systems zur Personaleinsatzplanung, in: ZfB, 41. Jhg. 1971, Nr. 1, S. 60.

Auf die mathematische Personaleinsatzplanung und die dazu notwendigen Methoden des "linear programming"(1) kann man hier nicht weiter eingehen, sondern es muß auf weiterführende Operations-Research-Literatur verwiesen werden. In diesem Zusammenhang sei nur bemerkt, daß es für sämtliche Operations-Research-Methoden gleichermaßen ein Problem darstellt, empirische Informationen zu erhalten. Oftmals kann ein zur Verfügung stehendes mathematisches Instrumentarium nur deshalb nicht eingesetzt werden, weil die notwendigen Daten nicht erhoben werden können. In unserem Fall kann wieder die Stellenbeschreibung vielfach als Hilfsmittel oder gar in o. g. Sinne als Voraussetzung zur praktischen Anwendung von mathematischen Modellen des Personaleinsatzes angesehen werden.

4.2.2.2. Stellenbeschreibung und Personalbeurteilung

Während der Zeit der Tätigkeit eines Mitarbeiters im Betrieb ist die Personalbeurteilung eine permanente Aufgabe. Sie ist ein unentbehrliches Hilfsmittel für die Mehrzahl aller Personalentscheidungen und erfaßt - ganz im Gegensatz zur Stellenbeschreibung - den Mitarbeiter als Person in seinen subjektiven und objektiven Charakteristika. (Sie ist damit eher als Pendant der Stellenbeschreibung zu bezeichnen.) Sie beurteilt dessen Verhalten gegenüber Personen und Aufgaben. Eine systematische Personalbeurteilung kann z.B. mit Hilfe einer "RKW-Personalkarte" durchgeführt werden, die nach dem Muster der "RKW-Arbeitsplatzkarte" entwickelt wurde. Trotz dieser Normierungsversuche bleibt die Personalbeurteilung nicht frei von subjektiven Meinungen der Urteilenden. Ihr Wert steigt aber nur mit dem Grad der Objektivität. Deshalb sind hierfür alle Mittel willkommen, die diesen Grad zu steigern vermögen. Zur Personalbeurteilung braucht man Informationen über die Stellen und ihre Träger. Genauer gesagt: Fast immer geht es darum, Beurteilungen von Menschen zu vergleichen mit Anforderungen, die bestimmte Arbeitsplätze stellen.

Der Beurteilende, egal ob dies der Vorgesetzte oder ein "neutraler" Beauftragter ist, muß bewerten, wie gut oder schlecht sich der Stelleninhaber zur Erfüllung des ihm übertragenen Aufgabenkomplexes eignet. Hier trägt Stellenbeschreibung zur Objektivierung bei, indem sie die Aufgaben und Anforderungen darstellt, die (unabhängig von der Person) vom Stelleninhaber erfüllt werden müssen, und gleich-

---

1) Vgl. u.a. HAX, Herbert: Lineare Planungsrechnung und Simplex Methode als Instrumente betriebswirtschaftlicher Planung, in: ZfhF, Nf, 12. Jhg., S. 578 f.

zeitig sagt, wie diese zielgerecht auszuführen sind. Stellenbeschreibung setzt also quasi den Maßstab für die Beurteilung, da durch sie erst richtig deutlich werden kann, ob und wie ein Mitarbeiter seine Aufgaben erfüllt.

4.2.2.3. Stellenbeschreibung und Arbeitsbewertung zur Lohnermittlung

Mit fast allen Problemen, die mit der Durchführung von Arbeitsvorgängen in Zusammenhang stehen, beschäftigt sich das Arbeitsstudium. Seine Methoden wurden größtenteils nach dem 1. Weltkrieg durch den REFA-Verband entwickelt und in einem REFA-Buch als Lehre beschrieben und festgelegt. Wesentliche Bestandteile dieser Lehre sind die Methoden der Arbeitsbewertung. Sie sollen weitgehend das Kriterium der Arbeitsanforderung bei der Fortsetzung der individuellen Entlohnung berücksichtigen. Als Ziel ließe sich allgemein formulieren, daß mit ihrer Hilfe eine Rangfolge der einzelnen Arbeiten aufzustellen ist, um auch für die Unterschiede der Grundlohnsätze soweit wie möglich objektive Grundlagen zu schaffen.

Die Arbeitsbewertung basiert auf einer Anforderungsanalyse. Diese muß feststellen, welche Anforderungen die Arbeit an den Ausführenden stellt und welche Fähigkeiten und Kräfte körperlicher und geistiger Art sie von ihm verlangt.

Das ermittelte Anforderungsprofil ist wiederum schriftlich festzuhalten, beispielsweise (wie bekannt) in Stellenbeschreibungen. Aus ihnen muß hervorgehen, um welche Arbeit es sich handelt, welche Anforderungsarten und Belastungen vorkommen und welche sonstigen Fragen bei dieser Tätigkeit für die Bewertung zu beachten sind.

Über die Tatsache, daß eine genaue und objektive Arbeitsbeschreibung Voraussetzung für die Arbeitsbewertung ist, sind sich alle Fachautoren einig. Obwohl sie übereinstimmend den Ausdruck "Arbeitsbeschreibung" verwenden, läßt sich aus den Beispielen, die für deren Inhalt und Form gegeben werden, erkennen, daß diese mit bestimmten Teilen der Stellenbeschreibung übereinstimmt. Ohne näher auf die summarischen und analytischen Methoden der Arbeitsbewertung einzugehen, soll nur festgestellt werden, daß Tätigkeiten in Rangfolgen oder Lohngruppen (bei der summarischen) und Rangreihen bzw. Stufenwerte (bei der analytischen) eingeordnet werden. Stets erfolgt diese Zuordnung nach dem Schwierigkeitsgrad, den Anforderungen, der Verantwortung und/oder den Arbeitsbedingungen der jeweiligen Stelle. Alle diese Informationen erhält der Bewerter aus der Stellenbeschreibung. Sie erleichtert ihm die bei den einzelnen Methoden einheitlich schwierige Frage nach dem Zuordnungskriterium. Mit Hilfe der Stellenbeschreibung ist es nämlich erheblich einfacher, eine bestimmte Stelle zu bewerten und in eine festgelegte Lohnkategorie einzuordnen. Die Stellenbeschreibung erhält so indirekten Einfluß auf die Höhe der Entlohnung.

Die Arbeitsbewertung wurde anfangs nur für direkt produktive, meist manuelle Arbeit benutzt. In jüngerer Zeit hat sich eine Reihe von Untersuchungen mit ihrer Anwendungsmöglichkeit für mehr oder minder geistige Büroarbeit befaßt und auch Methoden entwickelt, die nicht quantifizierbare dispositive Tätigkeiten bewerten lassen.

4.3. Hinweise und weitere Aufgaben und Anwendungsmöglichkeiten der Stellenbeschreibung

Die Stellenbeschreibung ist für jeden Betrieb ein derart vielseitiges Hilfsmittel, daß es nicht möglich ist, alle Anwendungsformen erschöpfend zu behandeln. Bei den eingehend besprochenen Hauptgebieten ihrer Verwendung, der Organisation, der Unternehmensführung und dem Personalwesen, gibt es weitere Bereiche, in denen die Erfassung und Beschreibung von Stellen als Hilfsmittel zur Lösung unterschiedlicher Probleme herangezogen werden kann. Einige von ihnen sollen im folgenden kurz dargestellt werden. Anschließend besprechen wir einige andere Bereiche, in denen sich Stellenbeschreibungen ebenfalls verwenden lassen.

a) Zunächst können weitere Beispiele aus dem Personalwesen angeführt werden: Dazu gehört das betriebliche Ausbildungswesen, das sich bei der Vermittlung fachspezifischer Kenntnisse an dem Anforderungsbild orientieren sollte, welches den Auszubildenden in seiner späteren Berufspraxis erwartet. Stellenbeschreibungen können also vornehmlich Ausbildern, die weitgehend extern gegenüber dem übrigen Betriebsablauf (z.B. in zentralen Ausbildungs- und Lehr-(werk)-stätten von Großbetrieben) tätig sind, Informationen liefern, die ihnen den Kontakt zur sich wandelnden Berufspraxis verschaffen. Stellenbeschreibungen setzen auf diese Weise Daten für die Aufstellung von Lehrplänen und -inhalten und sind ein Beitrag zur Verwirklichung berufsbezogener Ausbildungsgänge.

b) Stellenbeschreibungen dienen auch der Erhöhung der Sicherheit am Arbeitsplatz, soweit sie bestimmte Anweisungen enthalten, die prophylaktisch die Vermeidung gefahrvoller Tätigkeiten vorschreiben und Präventivmaßnahmen zur Pflicht machen.

c) Obwohl Kostenstellen nicht grundsätzlich Identität mit den Organisationseinheiten der Stellenbeschreibung aufweisen, können letztere doch zur Erfassung von Kostenrechnungseinheiten dienen. Speziell die Tätigkeitsbeschreibungen können darüber hinaus die Verteilung nach dem Kostenverursachungsprinzip wesentlich erleichtern, weil sie u. U. transparent werden lassen, an welcher Stelle die Kosten entstanden sind.

d) Außerbetrieblich können Stellenbeschreibungen beispielsweise als Informationsträger für Tarifverhandlungen dienen. Sie erleichtern dabei u. a. die Aufstellung der in Tarifverträgen angegebenen Richtbeispiele des Lohngruppenkatalogs, der bei der Arbeitsbewertung Anwendung findet. Die mehrfach erwähnten Arbeitsprofile in Stellenbeschreibungen helfen ferner der Berufsforschung bei der Aufstellung von Statistiken und Arbeitssystemen. Außerdem orientieren sich auch die Lehrpläne der berufsbildenden Schulen sowie die Berufsberatung und Arbeitsvermittlung an ihnen. Schließlich greift noch die Arbeitsgerichtsbarkeit in Streitfällen zur Klärung von Sachverhalten auf sie zurück.

4.4. Aufgaben und Anwendungsmöglichkeiten im Hinblick auf die Vorschriften des Betriebsverfassungsgesetzes

Das am 1. Januar 1972 in Kraft getretene Betriebsverfassungsgesetz (BetrVerfG 71) ist ein weiterer Schritt auf eine erweiterte betriebliche Mitbestimmung der Arbeitnehmer hin. Insbesondere sein vierter Teil kodifiziert Mitwirkungs- und Mitbestimmungsrechte. Die neu erhaltenen Rechte können von den Arbeitnehmern (bzw. ihren rechtmäßigen Vertretern) jedoch nur dann entsprechend dem Willen des Gesetzgebers realisiert werden, wenn ihnen ein Instrumentarium zur praktischen Durchsetzung zur Verfügung steht. Aus diesem Grunde wollen wir untersuchen, inwieweit die Stellenbeschreibung als Hilfsmittel oder gar als Voraussetzung zum Vollzug der gesetzlichen Bestimmungen notwendig ist.

Die folgenden Ausführungen sind jedoch nicht nur für Betriebsräte, sondern auch für Unternehmensleitungen von Interesse, da sie zur Ausführung der entsprechenden Rechtsnormen verpflichtet sind. In einer Umfrage erklärten ca. 80 % der befragten Unternehmen, daß sie die Stellenbeschreibung zur Erfüllung der neuen Bestimmungen für unbedingt erforderlich bzw. höchst wünschenswert halten.

An Hand des amtlichen Textes des neuen Betriebsverfassungsgesetzes wollen wir die für unseren Zusammenhang wichtigsten Paragraphen herausgreifen und besprechen.

An erster Stelle ist hierbei der § 81 BetrVerfG zu nennen. Er fordert, wie auch von uns vorgeschlagen, implizit für jeden Betrieb eine Stellenbeschreibung, ohne jedoch ausdrücklich diesen Terminus zu verwenden. Der Gesetzgeber nennt in § 81 Abs. 1 Satz 1 lediglich d i e Informationen, die der Arbeitnehmer bezüglich seiner Stelle zu erhalten hat. Dort heißt es wörtlich: "Der Arbeitgeber hat dem Arbeitnehmer über dessen A u f g a b e n und V e r a n t w o r t u n g e n , sowie über die A r t seiner Tätigkeit und ihre E i n o r d n u n g e n in den A r b e i t s a b l a u f des Betriebes zu unterrichten" (Sperrungen vom Verfasser).

Vergleichen wir unsere Stellenbeschreibung und ihren Inhalt mit den im Gesetzestext genannten Kriterien, so ist offensichtlich, daß sie ohne Einschränkung am besten geeignet ist, den hier festgelegten Bestimmungen zu entsprechen.

Im Gesetz ist zwar nicht ausdrücklich eine schriftliche Unterrichtung gefordert; auf die Dauer wird sich diese allerdings als die praktischste und objektivste Methode herausstellen. Auch die Unternehmensleitung wird es begrüßen, wenn sie zur Erfüllung ihrer gesetzlichen Pflichten dem Arbeitnehmer lediglich die Stellenbeschreibung vorzulegen braucht. Es leuchtet daher unmittelbar ein, daß die Stellenbeschreibung durch den § 81 BetrVerfG zukünftig eine grundlegende Bedeutung erhalten wird.

Über diese grundlegende Regelung hinaus enthält das neue Gesetz noch weitere, wichtige Vorschriften, mit denen die Stellenbeschreibung in Zusammenhang steht.

So schreibt beispielsweise § 92 erstmals dem Betrieb die Durchführung und Offenlegung einer detaillierten Personalplanung vor. Sein Abs. 1 Satz 1 lautet: "Der Arbeitgeber hat den Betriebsrat über die Personalplanung, insbesondere über den gegenwärtigen und künftigen Personalbedarf, sowie über die sich daraus ergebenden personellen Maßnahmen und Maßnahmen der Berufsbildung an Hand von U n t e r l a g e n rechtzeitig und umfassend zu unterrichten" (Sperrung vom Verfasser).

Wir haben weiter oben dargestellt, in welcher Weise die Stellenbeschreibung bei der quantitativen Personalplanung als Hilfsmittel eingesetzt werden kann. Außerdem wurde auch ausdrücklich darauf hingewiesen, daß die Durchführung des als quantitativ bezeichneten Teils der Personalplanung nur durch Stellenbeschreibung sinnvoll ist. Einen unübersehbaren Hinweis darauf, daß sie zur Problemlösung innerhalb dieses Komplexes zukünftig stark eingesetzt werden sollte, gibt die Tatsache, daß im Text ausdrücklich schriftliche Unterlagen gefordert werden. Diese sollten nach unserer Ansicht zu einem wesentlichen Teil aus Beschreibungen der zu planenden Aufgabengesamtheiten bestehen. Wo schriftliche Unterlagen noch nicht vorhanden sind, kann der Betriebsrat "... dem Arbeitgeber Vorschläge für die Einführung einer Personalplanung und ihre Durchführung machen" (§ 92 Abs. 2 BetrVerfG). Dieser Absatz bietet dem Betriebsrat die Möglichkeit, gegenüber der Unternehmensleitung darauf hinzuwirken, daß im Betrieb die Stellenbeschreibung eingeführt und damit die Personalplanung auf eine rationale und objektive Basis gestellt wird.

Außerdem kann der Betriebsrat nämlich verlangen, daß neu zu besetzende Stellen grundsätzlich zunächst innerhalb des Betriebes ausgeschrieben werden (§ 93 BetrVerfG). Das bedeutet also, daß vor Neueinstellungen jedes Belegschaftsmitglied entsprechende Informationen über die frei werdende Stelle erhalten soll, um sich gegebenenfalls selbst bewerben zu können. Diese Informationspflichten können unmittelbar (z.B. durch den Aushang) von vorhandenen Beschreibungen der zu besetzenden Stellen übernommen werden.

Schließlich sei noch auf § 95 BetrVerfG hingewiesen. Er verlangt, daß bei Einstellungen, Versetzungen, Umgruppierungen und Kündigungen nach sachlichen, vom Betrieb unter Zustimmung des Betriebsrates zu erarbeitenden Richtlinien verfahren wird. Bei Betrieben mit mehr als 1000 Arbeitnehmern kann der Betriebsrat die Erarbeitung derartiger fachlicher, persönlicher und sozialer Kriterien verlangen (vgl. § 95 Abs. 2 BetrVerfG).

Eine gute Grundlage bei der Festlegung der hier geforderten Richtlinien bietet das "Anforderungsprofil" unserer Stellenbeschreibung. Es führt die erforderlichen fachlichen und (teilweise) persönlichen Kriterien auf, die ein möglicher Stelleninhaber mitbringen muß. Hier sind wiederum Betriebe, die über Stellenbeschreibungen verfügen, unmittelbar in der Lage, die gesetzlichen Vorschriften zu erfüllen.

Diese grundlegenden Beispiele zeigen deutlich, welche Bedeutung die Stellenbeschreibung allein von Gesetzesseite her künftig im betrieblichen Alltag erlangen wird.

5. Praktische Einführung von Stellenbeschreibungen in einer Abteilung eines Versicherungsunternehmens

5.1. Problemstellung

Die Anregung zur Beschäftigung mit dem vorliegenden Thema erhielt der Verfasser anläßlich einer Diskussion mit der Leitung der Abteilung "Transportversicherung" in einem großen Unternehmen der Assekuranzbranche. Es ging um die Frage, zu welchen Problemlösungen es für die Abteilung sinnvoll sei, sich des Instruments der Stellenbeschreibung zu bedienen. Dabei ging man davon aus, daß die betreffende Abteilung nur ein Segment der Gesamtunternehmung und somit in deren Organisationsstruktur eingegliedert ist. An eine Stellenbeschreibung für die ganze Gesellschaft konnte aber aus verschiedenen Gründen noch nicht gedacht werden; dem standen sachliche und personelle Schwierigkeiten entgegen.

Andererseits hatte man auch schon bisher organisatorische und personelle Probleme innerhalb der Abteilung selbständig mit modernen Methoden und Ideen zu lösen versucht. Deshalb fühlte man sich ermutigt, in gleichem begrenztem Rahmen einmal mit der Stellenbeschreibung zu experimentieren.

Aus den bisherigen Bemühungen waren bereits

- ein grobes Organisationsschema
- eine schriftliche Abteilungsanweisung
- eine Reihe von, ebenfalls schriftlichen, organisatorischen Einzelregelungen

hervorgegangen.

Obwohl man damit in der Vergangenheit zufriedenstellende Leitungsergebnisse erzielt hatte, ergab sich aus diesem Zusammenhang doch der erste Grund, eine Stellenbeschreibung anzufertigen. Das Organisationsschema und die Abteilungsanweisung standen nämlich ohnedies zur Überarbeitung an, und die inzwischen recht zahlreichen Einzelregelungen waren unübersichtlich geworden. Anstatt die bestehenden Hilfsmittel zu aktualisieren bzw. zu koordinieren, schien es ratsamer, die hierauf zu verwendenden Energien gleich der Erstellung einer Stellenbeschreibung zugute kommen zu lassen.

Die erste Aufgabe einer solchen zukünftigen Stellenbeschreibung war es folglich, das Organisationsschema zu ersetzen. Hierfür mußte sie in der Lage sein, die **Fixierung der Aufbauorganisation** zu übernehmen. Durch die Bildung neuer Stellen waren in den letzten beiden Jahren Veränderungen eingetreten, die bisher nur mündlich festgelegt waren und deshalb zu Unklarheiten bei verschiedenen Mitarbeitern geführt hatten. (Beispielsweise herrschte bei den Sachbearbeitern Meinungsverschiedenheit darüber, ob sie den neu eingeführten Gruppenleiter als Vorgesetzten oder nur als eine Art primus inter pares zu akzeptieren hatten.) Sie sollten durch die Neufestlegung endgültig beseitigt werden.

Mit dem Ziel, die Aufbauorganisation festzulegen, korrespondiert eng das Problem der **Kompetenzabgrenzung**. Es war bisher durch die Abteilungsanweisung nur unvollständig gelöst worden. Außerdem hatte es auch auf diesem Sektor wiederholt Änderungen gegeben, ohne daß bisher eine Niederschrift der Aufgaben, Verantwortungen und Befugnisse einer jeden Stelle vorgenommen worden war. Dies hatte Überschneidungen bzw. Unzuständigkeiten zur Folge, die der Effizienz des Geschäftsablaufes abträglich waren.

Im Mittelpunkt des Komplexes, der mit Hilfe der Stellenbeschreibung gelöst werden sollte, stand damit die **Erfassung der Tätigkeiten** im Sinne von Bildung bzw. Abgrenzung der Aufgabengesamtheiten. Dabei war man sich von vornherein über zwei Dinge einig:

Erstens sollten nur die **wichtigsten** Tätigkeiten aufgeführt werden, um sich nicht in unnötigen Details zu verlieren, die eine Anwendung und die Aussagekraft der potentiellen Stellenbeschreibung nur stören könnten. Zweitens wollte man sich auf eine **Aufgabenbeschreibung** beschränken und im wesentlichen **keine** Anweisungen zu deren Erfüllung mit einarbeiten. (Wie im theoretischen Teil wiederholt ausgeführt, sind Stellenbeschreibungen, soweit sie dahingehend ausgebaut sind, durchaus auch als Anweisung zur zweckmäßigen Aufgabenerfüllung brauchbar. Darauf wird hier aber ausdrücklich verzichtet.)

Der ausdrückliche Verzicht auf die Ausarbeitung von Dienstanweisungen innerhalb der Stellenbeschreibungen wurde damit begründet, daß diese hauptsächlich solchen Zwecken dienen (z.B. spezielle ablauforganisatorische Regelungen, Internal Control u. ä.), die man momentan noch nicht verfolge. Bei einer Bewährung der Stellenbeschreibung bezüglich der Aufgaben, deren Lösung man zunächst anstrebe, und nach weiteren gründlichen Vorbereitungen könnten bei einer späteren Überarbeitung auch detaillierte Anweisungen zur zweckmäßigen Aufgabenerfüllung eingearbeitet werden.

Obwohl das Personalwesen in den Zuständigkeitsbereich der Büroleitung gehört, gibt es doch einige Gebiete, bei denen die Fachabteilung Mitsprache- bzw. Mitwirkungsrechte hat. Die zukünftigen Stellenbeschreibungen sollten daher so gestaltet werden, daß sie - neben den eben genannten Aufgaben innerhalb der Organisation - auch als Hilfsmittel für die wichtigsten Elemente der abteilungsinternen **Personalpolitik** herangezogen werden könnten. Dabei handelt es sich erstens um die **Ermittlung des Personalbedarfs** in der Abteilung für einen absehbaren, noch näher zu bestimmenden Zeitraum und die daraus folgende Bildung von **Planstellen**. Diese Aufgabe obliegt fast ausschließlich der Fachabteilung, weil sie nach Meinung des Hauses die Aufgabenveränderungen mit den daraus resultierenden personellen Angleichungen am besten beurteilen kann.

Zweitens sollten die Mitwirkungsentscheidungen der Abteilung bei der **Personalwerbung** und **Personalauswahl** objektiviert werden, was die Ausarbeitung und Aufnahme von Anforderungskriterien für jede Stelle im Rahmen der Beschreibung notwendig macht.

Ebenso wie bei den Organisationsaufgaben nahm man auch bei den Zielsetzungen der Stellenbeschreibung im Rahmen der Personalpolitik eine Negativabgrenzung vor. Hierunter fallen die Gebiete der Arbeits- und Leistungsbewertung sowie die Personalbeurteilung. Der Hauptgrund, darauf zu verzichten, lag in der Tatsache, daß andere Abteilungen sich z. Z. mit derartigen Aufgaben beschäftigen und deren Kompetenzbereich durch die abteilungsinterne Stellenbeschreibung nicht tangiert werden durfte.

Als Ergebnis der eingangs erwähnten Diskussion wurde also zusammenfassend die Zielsetzung formuliert, für die Abteilung eine Stellenbeschreibung anzufertigen, die nach Form und Inhalt geeignet sein sollte, folgende fünf Komplexe zu lösen:

1. Substitution der vorhandenen organisatorischen Hilfsmittel
2. Schriftliche Fixierung der Aufbauorganisation innerhalb der Abteilung
3. Erfassung der wichtigsten Tätigkeiten einer jeden Stelle zum Zwecke einer klaren Aufgabenstellung und Kompetenzabgrenzung
4. Ermittlung des Personalbedarfs und gegebenenfalls Bildung von Planstellen
5. Schaffung eines Hilfsmittels zur Werbung und Auswahl des benötigten Personals

Diese Zielsetzung ist mit der Problemstellung des empirischen Teils der vorliegenden Arbeit identisch, da dieser sich mit den Maßnahmen und Ergebnissen beschäftigt, die zu deren Erreichen erarbeitet wurden.

5.2. Gang der Untersuchung

Die vorliegende Untersuchung begann mit dem Vorschlag des Verfassers, die Anfertigung der vorgesehenen Stellenbeschreibungen für die Abteilung zu übernehmen und sie zum Gegenstand des empirischen Teils dieser Arbeit zu machen. Gegen beide Vorhaben wurden von seiten der Abteilungsleitung keine Einwände gemacht.

Zum Gang der Untersuchung setzte man lediglich folgende Prämissen:

- Es wird von dem Stand der zur Stellenbeschreibung entwickelten Theorie, wie sie sich uns heute bietet, ausgegangen und versucht, deren Erkenntnisse zu realisieren.

- Die oben ausführlich dargestellten Zielsetzungen dienen als Orientierung. Es wird ausschließlich ihre Erreichung angestrebt.

- Alle Vorbereitungen und die eigentliche Erstellung müssen in maximal drei Monaten abgeschlossen sein. Innerhalb dieser Frist sind die Störungen im Geschäftsablauf so gering wie möglich zu halten. (Diese relativ lange Zeitspanne erklärt sich aus der Tatsache, daß der Verfasser nur "nebenberuflich" an der Erstellung arbeiten konnte.)

- Von Unternehmensseite her wird der Innendienst- und stellvertretende Abteilungsleiter mit der Betreuung der Aktion beauftragt. Er sorgt für die notwendige Unterstützung und eventuell für die Bereitstellung von Hilfsmitteln, und mit ihm werden auch, jeweils nach Abfassen von Teilergebnissen, Besprechungen durchgeführt. Diese dienen der Klärung von Spezialfragen und der Kontrolle bezüglich der Erreichung des gesetzten Zieles.

- Für die Planung, Durchführung und Kontrolle der notwendigen Maßnahmen ist der Verfasser selbst verantwortlich.

Zunächst war es nun notwendig und zweckmäßig, den Gang der Untersuchung, d.h. die gedachte Art und Weise des Vorgehens, zu planen. Dabei war es von vornherein klar, daß der zu erarbeitenden Stellenbeschreibung die Beschaffung von Informationen über den momentanen Zustand (IST-Zustand) vorausgehen mußte. Weiter war dann vorgesehen, die so erhaltenen Ergebnisse auf ihre Richtigkeit und die Möglichkeit ihrer weiteren Beibehaltung zu beurteilen. Daran hatte sich, ebenfalls als Information, die Vorgabe des Zustandes (SOLL-Zustand) anzuschließen, der zukünftig als realisierbares Ideal von der Abteilungsleitung angestrebt wird. Ein abschließender Vergleich (SOLL-IST-Vergleich) sollte zeigen, inwiefern zwischen beiden Informationskomplexen Kongruenz bestand und welche Vorschläge zur Angleichung abweichender Punkte gemacht werden könnten.

Die nach Abschluß dieser Vorbereitungen angefertigten provisorischen Stellenbeschreibungen sollten mit der Abteilungsleitung diskutiert werden. Veränderungen, die sich hieraus noch ergaben, waren dann in die endgültige Stellenbeschreibung einzuarbeiten.

Im Mittelpunkt der folgenden Ausführungen steht die Beschreibung der Untersuchung, wie sie vom Verfasser nach dem eben skizzierten Plan durchgeführt wurde.

Die Aussagen haben (weitgehende) Allgemeingültigkeit, da auch in anderen Betrieben so oder ähnlich vorgegangen werden kann oder vorgegangen werden muß. Außerdem wird auch beim Beschreiben der einzelnen Untersuchungsabschnitte von einer kurzen, theoretischen Erörterung der sich dabei stellenden Probleme ausgegangen.

Zum besseren Verständnis des Zusammenhangs muß allerdings vorher noch knapp die Unternehmung und insbesondere die Abteilung dargestellt werden, in der die Aktion durchgeführt wurde. Auch soll eine Klärung der wesentlichen Voraussetzungen versucht werden, deren Erfüllung allgemein als notwendig erachtet wird, um überhaupt eine Stellenbeschreibung sinnvoll anwenden zu können. Der empirische Teil wird schließlich mit einigen Bemerkungen zur Inkraftsetzung und zukünftigen Überarbeitung der Stellenbeschreibung abgeschlossen.

5.3. Kurze Darstellung des untersuchten Unternehmens

Die Erstellung der Stellenbeschreibung und die damit verbundene Untersuchung erstreckte sich in unserem Falle auf eine Abteilung in der Geschäftsstelle eines Versicherungsunternehmens. Es handelt sich dabei um einen großen westdeutschen Versicherungskonzern mit Hauptsitz in Köln. Er umfaßt acht rechtlich selbständige Versicherungs-Aktiengesellschaften und betreibt die Sparten Sach-, Lebens-, Kredit-, Rück- und Rechtsschutzversicherung. Die Unternehmung hat insgesamt über sechstausend Mitarbeiter, die hauptberuflich im Innen- und Außendienst tätig sind.

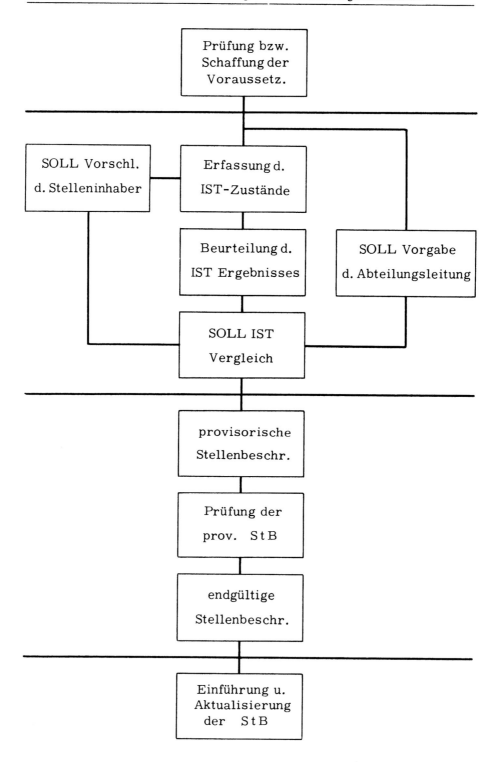

Abb. 1: Ablaufschema zur Erstellung von Stellenbeschreibungen

Der Konzern unterhält im In- und Ausland ein Netz von Geschäftsstellen, die ihm gegenüber voll weisungsgebunden sind. Sie werden in Form von rechtlich selbständigen Gesellschaften mit beschränkter Haftung betrieben. Ihre Anteile werden allerdings allein von der Konzernspitze in Köln gehalten, so daß eine komplette wirtschaftliche Abhängigkeit besteht. Den Geschäftsstellen obliegt die Organisation und Durchführung des Versicherungsabsatzes sowie der überwiegende Teil der Bearbeitung bzw. Verwaltung der Policen. Sie vermitteln die Verträge der einzelnen Sparten an die zuständige Muttergesellschaft, die als eigentlicher Versicherer das Risiko zu tragen hat.

Eine solche Geschäftsstelle besteht auch in Frankfurt am Main, die ca. 300 Mitarbeiter im Innen- und Außendienst beschäftigt. Sie gliedert sich in sogenannte Fachabteilungen, die für bestimmte Versicherungsarten zuständig sind und mit der entsprechenden Sachsparte in Köln engen Kontakt haben.

Die Abteilung Transportversicherung, in der die Untersuchung und anschließende Beschreibung der Stellen durchgeführt wurde, gehört von Prämiensumme und Mitarbeiterzahl her zu den größten Fachabteilungen in der Geschäftsstelle Frankfurt. Zum Zeitpunkt der Untersuchung zählte sie zehn Stellen, die alle besetzt waren.

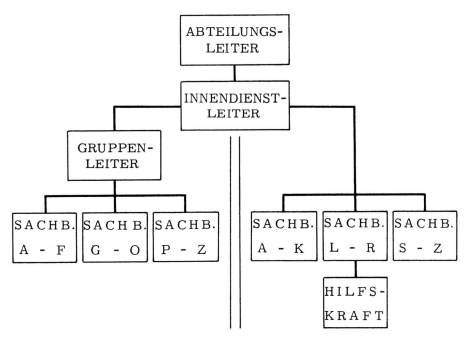

Abb. 2: Abteilungsschema vor Beginn der Stellenbeschreibung

Der Umsatz konnte in den letzten Jahren permanent gesteigert werden. Infolgedessen expandierte auch das Aufgabenvolumen, worauf mit Organisationsveränderungen und Personalbestandserweiterung reagiert werden mußte. Das obige Schema zeigt die Stellenstruktur der Abteilung, wie sie sich zu Beginn der Untersuchung darstellte.

5.4. Wesentliche Voraussetzungen zur Durchführung der Aktion

5.4.1. Sachliche Voraussetzungen

Vor der Erarbeitung von Stellenbeschreibungen sollte in jedem Falle von den dafür Verantwortlichen geprüft werden, ob bestimmte V o r - a u s s e t z u n g e n im Betrieb gegeben sind oder ob man, soweit möglich, bereit ist, diese zu schaffen. Zwar ist theoretisch eine Beschreibung j e d e r Stelle grundsätzlich möglich, jedoch nicht immer s i n n v o l l . Daher sollten kurz die wichtigsten Gesichtspunkte andiskutiert werden, die vor einem Erarbeitungsbeginn geklärt sein müssen, um später auch mit einiger Aussicht auf Erfolg von dem gewünschten Instrumentarium Gebrauch machen zu können.

a) Zunächst ist die Frage, welches Unternehmen überhaupt für eine Stellenbeschreibung geeignet ist, nicht mit der Art oder Branche des Betriebes zu beantworten. Denn überall dort, wo eine Aufgabengesamtheit von einer Person zu erfüllen ist, könnte eine Stellenbeschreibung erfolgen. Vielmehr ist es die Größe des Unternehmens, die diesbezüglich ein Kriterium bildet. Ein quantitatives Maß für Unternehmensgröße ist in der Betriebswirtschaft allerdings sehr umstritten.

Wir sind der Meinung, daß für unseren Zweck die S t e l l e n z a h l das relevanteste Kriterium darstellt.

In Betrieben, bei denen die Zahl der Stellen so gering ist, daß die Geschäftsleitung den gesamten Aufbau und Ablauf ständig überblicken kann, scheinen die Aufwendungen für Stellenbeschreibungen nicht vertretbar. Auch die Möglichkeiten ihrer sinnvollen Anwendung sind nicht gegeben, weil die hier beteiligten Personen, insbesondere die leitenden, aus den Beschreibungen keinen Informations- oder Organisationsgewinn ziehen könnten.

Im Gegensatz zu anderen diesbezüglichen Meinungen vertreten wir die Ansicht, daß diese Situation schon bei ca. z e h n Stellen nicht mehr gegeben ist, vor allem wenn es sich nicht ausschließlich um

Parallelstellen handelt. Eine allgemein gültige Größenordnung kann jedoch nicht genannt werden, da hierbei die individuellen Gegebenheiten eine gewichtige Rolle spielen.

Umgekehrt bieten auch Großunternehmen (in unserem Sinne) besondere Probleme, da es hier eine sehr umfangreiche und zeitbeanspruchende Aufgabe ist, einige hundert oder gar tausend Stellen zu beschreiben. Dies sollte jedoch keinesfalls davon abhalten, die Aktion durchzuführen, da die späteren Vorteile - wie dargestellt - für Betriebe dieser Kategorien nicht gering zu schätzen sind. Eine gangbare Lösung scheint hier ein bereichs- oder abteilungsweises Vorgehen. Auch wir entscheiden uns für diese Art der Durchführung, da für uns der Rahmen aus verschiedenen Gründen auf die Abteilung beschränkt war.

b) Die Wahl des Zeitpunktes der Einführung von Stellenbeschreibungen macht keine Schwierigkeiten. Grundsätzlich ist jeder (frühestmögliche) Termin denkbar. Sieht man aber einmal davon ab, daß er erst nach einer gründlichen Vorbereitung liegen kann, so muß doch noch berücksichtigt werden, daß auch die eigentliche Aktion eine gewisse Zeit beansprucht. Diese darf aber nicht mit Perioden kollidieren, in denen besondere Beschäftigungsspitzen (z. B. Saisonzeiten) zu erwarten sind.

Außerdem ist es unbedingt ratsam, für die n a h e Zukunft geplante, g r u n d l e g e n d e Veränderungen abzuwarten; es sei denn, sie sollten aus Anlaß oder parallel zur Stellenbeschreibung erfolgen. Sind die Änderungen jedoch erst für einen ferneren Zeitpunkt (länger als 1 bis 1 1/2 Jahre) vorgesehen, oder sind sie von geringerem Ausmaß, so ist dies kein Argument, die Stellenbeschreibung hinauszuzögern. Da die Unternehmung laufend kleinere oder größere Wandlungen erfährt, ist es einfach notwendig, einen Stichtag zu setzen. Alle danach erfolgten Neuerungen sind dann bei der ohnehin vorzunehmenden Überarbeitung zu berücksichtigen.

c) Die Erstellung von Stellenbeschreibungen wird in der Regel nicht von einem Mitglied der Unternehmensleitung selbst vorgenommen oder geleitet. Die damit beauftragten Personen haben aber oft nicht die Autorität und Weisungsbefugnis, die zur Durchführung ihrer Aufgabe erforderlich sind. Beides ist jedoch deshalb notwendig, weil bei einem derart umfassenden Vorhaben, das Auswirkungen auf jede Stelle hat, mit persönlichen Widerständen und sachlichen Schwierigkeiten zu rechnen ist. Aus diesem Grunde ist es eine unverzichtbare Voraussetzung, daß die Unternehmensleitung sich nicht nur für die Stellenbeschreibung entscheidet, sondern daß sie selbst gegenüber allen Mitarbeitern öffentlich deren Wichtigkeit überzeugend darlegt und die Durchführung r ü c k h a l t l o s u n t e r s t ü t z t.

Diese Unterstützung hat keinesfalls nur in der Erteilung von Anweisungen zu liegen. Viel wichtiger ist der psychologische Effekt, der dadurch entsteht. Die Mitarbeiter sollen nämlich von Anfang an erkennen, daß es sich hier nicht um eine "organisatorische Spielerei" handelt, sondern daß ein Instrument geschaffen wird, dem ihre obersten Vorgesetzten große Bedeutung zumessen. Nur indem die Unternehmensleitung ständig unmißverständlich klar macht, daß sie hinter dem Vorhaben steht, kann sie die Ergebnisse erwarten, welche sie mit der Stellenbeschreibung verfolgt.

In unserem Falle war diese Unterstützung von seiten der Abteilungsleitung voll gegeben.

d) Bereits mehrfach haben wir darauf hingewiesen, daß es aus verschiedenen Gründen notwendig ist, v o r der Stellenbeschreibung die damit angestrebten Z i e l e zu definieren. Nur der Vollständigkeit halber sei hieran nochmals erinnert.

Obwohl theoretisch möglich, ist es jedoch nicht sinnvoll, alle denkbaren Zwecke verfolgen zu wollen. Die Stellenbeschreibung würde damit so umfangreich und unübersichtlich, ihre Erstellung derart schwierig, kostspielig und zeitraubend, daß die gesamte Nutzbarkeit in Frage gestellt wäre. Eine eindeutige Prioritätenbildung ist deshalb unbedingt erforderlich. Außerdem ist es recht unwahrscheinlich, daß wirklich ein Interesse daran besteht, alle Anwendungsmöglichkeiten gleichzeitig ausschöpfen zu wollen.

Es ist also in der Regel davon auszugehen, daß nur einige bestimmte Zielsetzungen angestrebt werden. Ihre vorherige Festlegung ist deshalb notwendig, weil sie bei der Erstellung und im Inhalt der Beschreibungen berücksichtigt werden müssen. In unserem Fall haben wir die Zielsetzungen in Abschnitt 5.1. eindeutig geklärt.

e) Zur gleichen Kategorie wie die Frage nach dem verfolgten Zweck gehört die Frage, ob Sach- oder Personenbezogenheit gewählt werden soll. Im theoretischen Teil dieser Arbeit ist dieses Problem an verschiedener Stelle abschließend behandelt worden, so daß wir hier nicht mehr darauf eingehen wollen. Für uns gilt die Entscheidung für grundsätzliche Sachbezogenheit mit dem ausdrücklich erklärten Kompromiß in einigen besonderen Punkten[1]. Danach wurde auch im folgenden verfahren.

---

1) Vgl. Abs. 3. dieser Arbeit.

5.4.2. Personelle Anforderungen

Nachdem die Sachvoraussetzungen geklärt sind, bleibt als wichtigste Frage, **wer** mit der Erarbeitung der Stellenbeschreibung zu beauftragen ist. Dabei geht es nicht so sehr darum, ob die Aufgabe einer Person oder besser einer Gruppe übertragen werden soll. Dies hängt im Einzelfalle hauptsächlich von der Anzahl der zu beschreibenden Stellen ab und kann daher hier weitgehend unberücksichtigt bleiben. Vielmehr ist grundsätzlich darüber zu entscheiden, ob das Projekt von **eigenen** Mitarbeitern übernommen oder eine **betriebsfremde** Unternehmens- bzw. Organisationsberatung damit beauftragt werden soll. Hierzu können eine Reihe von Pro- und Contra-Argumenten diskutiert werden. Am stärksten für eine rein interne Durchführung spricht die Tatsache, daß der Beauftragte den Betrieb und dessen Stellen aus eigener Anschauung - möglichst seit längerer Zeit - selbst genau kennt. Gerade bei der Stellenbeschreibung ist dies von besonderer Bedeutung, da es sonst zu Mißverständnissen, Unklarheiten und Leerläufen kommt, die das Ergebnis entscheidend in Frage stellen können.

Andererseits haben aber die eigenen Mitarbeiter oft nicht die Qualifikationen, die zur Durchführung der Aktion notwendig sind. Insbesondere benötigen sie ein umfangreiches theoretisches Wissen über die Stellenbeschreibung und die damit verbundenen Probleme. Sie müssen in der Lage sein, alle auftretenden Fragen der Beteiligten zu beantworten und Komplikationen zu beheben. Es ist daher leicht verständlich, daß die Aktion erfolglos bleibt, wenn diejenigen, die sie leiten sollen, selbst keine fundierten Kenntnisse über Wesen, Form, Inhalt, Anwendungsmöglichkeiten und Ziele der Stellenbeschreibung besitzen, so wie diese von Theorie und Praxis entwickelt wurden.

Außerdem müßten eigene Mitarbeiter für die Zeit, in der sie die Stellenbeschreibungen erarbeiten, ihre bisherige Tätigkeit aufgeben, da beide Komplexe schon rein zeitlich miteinander unvereinbar sind. Das Aufgeben der eigenen Stelle wird aber in den meisten Betrieben nur vorübergehender Natur sein können, da die Mitarbeiter nach Beendigung der Aktion wieder an ihren alten Platz zurückkehren müssen. Die Einrichtung einer ständigen Abteilung, die für die Erstellung und spätere Überarbeitung der Beschreibungen zuständig ist, wird nur in Großunternehmen verwirklicht werden können. Die Nachteile, die sich ergeben, wenn die Vorbereitung und Anfertigung der Stellenbeschreibungen durch eigene Kräfte durchgeführt werden, lassen sich weitgehend dadurch beseitigen, daß eine externe Unternehmensberatung diese Aufgaben übernimmt. Diese haben in der Regel die hierfür erforderlichen Kenntnisse und Erfahrungen und verursachen selbst keine Stellenprobleme, da sie mit Beendigung des Vertrages den Betrieb wieder verlassen.

Trotzdem ist ein solcher Untersuchungsauftrag nicht so vorteilhaft, wie es zunächst scheint. Selbst wenn man von den hohen Kosten absieht, die oftmals dafür aufgewendet werden müssen, haben wir entscheidende Bedenken, daß auf diese Weise ein für den Betrieb brauchbares Instrument entstehen kann. Dafür sind nämlich die schon eingangs erwähnten internen Kenntnisse des Betriebes im ganzen und der Stellen im einzelnen notwendig, die ein "Outsider" auch nach längeren Beobachtungen und Informationen nicht erlangen kann.

Die eigenen Erfahrungen des Verfassers mit der Stellenbeschreibung bestätigen diese Ansicht ausdrücklich. Ihre praktische Durchführung wäre ihm sachlich und zeitlich unmöglich gewesen, wenn er nicht die Aufgabengesamtheiten und Zusammenhänge in der Abteilung während einer einjährigen Hospitantenzeit selbst kennengelernt hätte.

Grundsätzlich halten wir also die **interne** Vorbereitung und Erstellung für effektiver. Können aber keine ausreichend qualifizierten Mitarbeiter gewonnen werden, so schlagen wir als Kompromiß eine Kombination beider Möglichkeiten vor. Die Aktion sollte dann einem eigenen Mitarbeiter unter **beratender** externer Hilfe übertragen werden. Bei dieser dualen Lösung könnten sich beide Teile sinnvoll ergänzen und die wechselseitigen Nachteile weitgehend ausgleichen. Gleichzeitig wäre zu vereinbaren, daß dem hauseigenen Angestellten von den betriebsfremden Experten aus Anlaß der ersten Erarbeitung von Stellenbeschreibungen die theoretischen Kenntnisse zu vermitteln sind, die ihn befähigen, die späteren Überarbeitungen selbst vorzunehmen.

Es wäre jedoch ungenügend, nur darauf zu achten, daß die mit der Erarbeitung beauftragten Personen bestimmten Anforderungen entsprechen. Auch diejenigen Mitarbeiter, deren Stellen beschrieben werden sollen, bedürfen einer gründlichen Vorbereitung. Hierzu ist es notwendig, allen davon betroffenen Stelleninhabern eine gezielte und **umfassende** Sachinformation über Zweck und Inhalt der geplanten Aktion zu vermitteln.

Dies dient zum einen der Beseitigung psychologischer Barrieren, die bei jedem größeren Organisationsvorhaben mehr oder minder stark vorhanden sind. Zum anderen ist diese Unterrichtung gerade bei der Stellenbeschreibung besonders wichtig, weil - wie später noch dargestellt wird - der einzelne Mitarbeiter an der Erarbeitung selbst beteiligt ist. Dazu ist er aber nur dann in der Lage, wenn bei ihm Klarheit über Sinn und Zweck seines Handelns besteht. Seine Mithilfe ist für die Erstellung und spätere Einführung der Stellenbeschreibung von großem Nutzen.

5.5. Die Beschaffung von Informationen für die Stellenbeschreibung

5.5.1. Erfassung des IST-Zustandes

Die Anfertigung jeder Stellenbeschreibung muß auf einer möglichst exakten Erfassung von Informationen beruhen. Aus diesem Grunde ist zunächst festzustellen, in welcher realen Situation sich jede Stelle zu Beginn der Aktion befindet. Damit soll erfaßt werden, wie sich die Aufgabengesamtheit, deren Erfüllung und ihr organisatorischer Standort im alltäglichen Geschäftsablauf tatsächlich darstellen. Dies soll möglichst unabhängig von den für die Stelle vorgesehenen Normen geschehen, um zu klären, wieweit die formellen Organisationsanweisungen durch informelle Handlungen abgeändert wurden. Unter diesem Aspekt ist nur der Stelleninhaber selbst in der Lage, derartige Auskünfte zu geben, weil er die wirklichen Verhältnisse am besten kennt. Dazu wird er allerdings nicht ohne weiteres bereit sein, da er natürlich Nachteile von der Preisgabe wahrer Sachverhalte erwartet, wenn diese mit den Normen der Geschäftsleitung nicht übereinstimmen. Hierbei wird zum ersten Mal die Wichtigkeit einer umfassenden Aufklärung des Mitarbeiters über die Ziele der Aktion deutlich. Insbesondere muß ihm glaubhaft versichert werden, daß er durch seine wahrheitsgemäßen Aussagen keinerlei Einbußen in finanzieller oder sozialer Hinsicht zu befürchten hat.

Zur Erfassung des IST-Zustandes gibt es nach SCHWARZ[1] folgende Möglichkeiten:

    1. Beobachtung
    2. Fragebogen
    3. Interview
    4. Kombination aus 2. und 3.

Wir halten einen eigenen Vorschlag, nämlich die Verbindung von 1. bis 3., für den geeignetsten. Aus Zeitgründen wird er allerdings nur selten Anwendung finden und - im günstigsten Fall - durch die

---

[1] Vgl. SCHWARZ, Horst: a.a.O., S. 232.

Möglichkeit 4. ersetzt werden können. Auch in unserem Beispiel konnte die Information durch Beobachtung nur deshalb mit einbezogen werden, weil sie bereits durch den Verfasser in der schon erwähnten Praktikantenzeit erfolgt war. Obwohl der Wert der eigenen Beobachtung hoch eingeschätzt werden kann, hat sie den Nachteil, nicht unmittelbar ein schriftliches Ergebnis zu liefern. Deshalb entschieden wir uns zusätzlich für die Verwendung eines Fragebogens. Außerdem hatte dies den eingangs erwähnten Vorteil, den Stelleninhaber selbst ausdrücken zu lassen, wie er aktuell und wirklichkeitsnah die Situation seiner Aufgabengesamtheit beurteilt. Bei dem von uns verwandten Fragebogen wurde sich im wesentlichen an das von SCHWARZ (1) vorgeschlagene Schema angelehnt. Eigene Ergänzungen bzw. Änderungen haben wir wegen der individuellen Verhältnisse in der Abteilung und im Hinblick auf die Erreichung der speziellen Zielsetzungen vorgenommen(2).

Bei der Erteilung von Auskünften durch den Stelleninhaber handelte es sich zwangsläufig um subjektive Informationen. Sie waren aber in dieser Phase der Erhebung ausdrücklich beabsichtigt und erwünscht. In ihnen können praktische Erfahrungen, realisierbare Verbesserungen und konstruktive Kritiken enthalten sein, die bei abstrakten (meist von "stellenfernen" Personen vorgenommenen) Planungen nur sehr selten Berücksichtigung finden. Die Stelleninhaber wurden aus diesem Grunde auch gleichzeitig aufgefordert, ihre eigene Aufgabengesamtheit kritisch zu überdenken und freimütig alle Änderungswünsche schriftlich zu äußern. In einer Anlage zum Fragebogen wurde ihnen durch eine vom Abteilungsleiter unterschriebene Erklärung nochmals ausdrücklich versichert, daß ihnen hieraus keinerlei Nachteile erwachsen würden, da man ausschließlich an der Verbesserung der Organisationsstruktur und nicht an irgendwelcher Kontrolle interessiert sei.

Die Befragten erhielten eine Abgabefrist von z w e i Wochen. Sie wurde deshalb relativ lang bemessen, weil ausreichend Zeit vorhanden sein sollte, um sich intensiv mit der eigenen Aufgabengesamtheit und der Beantwortung der Fragen auseinandersetzen zu können. Beim Ausfüllen des Fragebogens wurde den Mitarbeitern nur - soweit erwünscht - methodische Hilfe erteilt. Beispielsweise wurde ihnen nahe gelegt, sich mindestens eine Woche lang während des Arbeitsablaufes kurze Notizen zu machen, über die täglich anfallenden Aufgaben, um damit für das spätere Ausfüllen des Bogens Gedächtnisstützen zu haben.

---
1) Vgl. SCHWARZ, Horst: a.a.O., S. 235 bis 238.
2) Der von uns verwandte Fragebogen ist am Ende des Abs. 5.5.1. wiedergegeben.

Größere Schwierigkeiten traten bei dieser Erfassung des IST-Zustandes per Fragebogen nicht auf. Lediglich einige Anträge auf Verlängerung der Abgabefrist wurden gestellt. Diesen Gesuchen konnte jedoch nur dort nachgegeben werden, wo der Innendienstleitung bekannt war, daß der Stelleninhaber gerade innerhalb der gesetzten Zeit ein außergewöhnlich umfangreiches Arbeitspensum oder Aufgaben mit besonderer Dringlichkeit zu erledigen hatte.

Der Fragebogen hat folgendes Aussehen:

FIRMA   Abteilung: Fragebogen zur   Blatt: 1
             Transportvers.   Stellenbeschreibung

I. Allgemeine Angaben zur Stelle
================================

1. Inhaber der Stelle:
2. Bezeichnung der Stelle:
3. Abteilung und Gruppe:

II. Spezielle Angaben zur Stelle
================================

1. Wer ist Ihr unmittelbarer Vorgesetzter?
2. Erhalten Sie zusätzliche Anweisungen von anderen Stellen? (Falls ja, welche?)
3. Wem erteilen Sie selbst Anweisungen?
4. Wer vertritt Sie im Urlaubs- oder Krankheitsfalle?
5. Wen vertreten Sie in obigen Fällen?
6. Von welchem Umfang ist die Vertretung?
   a) volle Übernahme:
   b) teilweise Übernahme:
   c) keine Übernahme, nur Auskunftserteilung:
7. Welche Arbeiten haben Sie regelmäßig auszuführen?
8. Welche unregelmäßig auftretenden Aufgaben verrichten Sie außerdem?
9. Bei welchen Aufgaben, die Sie nicht selbst (bzw. allein) ausführen, tragen Sie die Verantwortung?
10. Über welche Fragen entscheiden Sie selbständig?
11. Über welche Fragen entscheiden Sie nach Rücksprache mit Ihrem Vorgesetzten, bzw. welche Aufgaben übernimmt er zur Weiterbearbeitung von Ihnen?

FIRMA	Abteilung: Transportvers.	Fragebogen zur Stellenbeschreibung	Blatt: 2

12. Mit welchen anderen Stellen treten Sie zwecks Zusammenarbeit bzw. Informationsaustausch in Kontakt?
13. Um welche Aufgaben handelt es sich dabei?
14. Welche Voraussetzungen und Eigenschaften muß man nach Ihrer Meinung besitzen, um alle Aufgaben Ihrer Stelle erfüllen zu können?
15. Mit welchen Regelungen sind Sie nicht einverstanden, und wie würden Sie diese ändern?

Ort u. Datum   Unterschrift des Stelleninhabers

III. Erklärung zum Fragebogen
============================

Zweck dieses Fragebogens ist lediglich die Erfassung der betrieblichen Organisationsstruktur. Wir bitten daher, alle Fragen absolut wahrheitsgemäß zu beantworten. Dies soll so erfolgen, wie Sie p e r s ö n l i c h es für richtig halten und wie Sie den Arbeitsablauf Ihrer Stelle selbst sehen.

Auch wenn Ihre Meinung nicht mit den allgemein bekannten Büro- bzw. Hausanweisungen übereinstimmt, ergeben sich für Sie keinerlei Nachteile.

Mit diesem Fragebogen soll nicht festgestellt werden, ob die Anweisungen zum Arbeitsablauf eingehalten werden, sondern vielmehr, wie der Arbeitsablauf sich t a t s ä c h l i c h vollzieht.

Der Abteilungsleiter

Unterschrift

5.5.2. Beurteilung des IST-Ergebnisses

Die ausgefüllten und zurückgegebenen Fragebogen waren nicht unmittelbar als weitere Arbeitsgrundlage zu verwenden. Sie mußten durch den Verfasser zunächst daraufhin kontrolliert werden, ob sie vollständig und dem Sinn einer jeden Frage entsprechend beantwortet wurden. Das Ergebnis dieser Überprüfung war leider negativer als erwartet, da eine Reihe von Angaben entweder gar nicht, nur unvollständig oder völlig sinnwidrig vorhanden waren. Den Grund hierfür sehen wir hauptsächlich darin, daß die durchgeführte Vorinformation der Mitarbeiter über Sinn und Zweck der Stellenbeschreibung - entgegen aller Voraussicht - offensichtlich doch nicht ausreichend gewesen war. Deshalb sei hier nochmals mit Nachdruck auf die Wichtigkeit einer umfangreichen Sachaufklärung aller betroffenen Mitarbeiter hingewiesen.

In unserem Fall war es nun notwendig, Interviews zur Vervollständigung des IST-Ergebnisses durchzuführen. Die beanstandeten Fragen wurden mit den Stelleninhabern nochmals besprochen und die Antworten komplettiert. Dabei wurde versucht, den Befragten möglichst unbeeinflußt zu lassen, um das Ergebnis nicht zu manipulieren. Erst danach lag das gewünschte und für die weitere Arbeit benötigte Material vor.

Nach Vorlage dieses Teilergebnisses wurde die erste der vorgesehenen Besprechungen mit dem Innendienstleiter geführt, die der Beurteilung des IST-Zustandes diente. Die dabei zunächst vorgenommene Untersuchung des Umfrageergebnisses ergab, daß nur unwesentliche Überschneidungen bzw. Lücken zwischen den Kompetenzbereichen vorhanden waren. Auch informelle Abweichungen konnten im wesentlichen nicht festgestellt werden.

Dagegen war aus den Antworten zu entnehmen, daß nicht bei allen Befragten absolute Klarheit über die Aufgabenstellungen und die Ziele ihrer Stellen bestand. Zumindestens machte es diesen Mitarbeitern Schwierigkeiten, die von ihnen zu erledigenden Arbeiten systematisch zu erfassen und schriftlich niederzulegen. Diese Erkenntnis unterstrich die Notwendigkeit, mit Hilfe der Stellenbeschreibungen klare Aufgabenstellungen zu schaffen.

Im weiteren Verlauf der Begutachtung kristallierten sich dann noch - neben anderen - zwei weitere Hauptergebnisse heraus. Erstens konnte festgestellt werden, daß die alltäglichen, laufend zu erledigenden Tätigkeiten gegenüber den Sonderaufgaben dominierten. Dies drückte sich konkret darin aus, daß die meiste Bearbeitungszeit auf die Dokumentierung von Neuverträgen und die Abrechnung von Umsatz- bzw. Transprotanmeldungen verwandt werden mußte. Durch die permanente Umsatzsteigerung der Abteilung blieb den Sachbearbeitern kaum Zeit, sich in größerem Maße der "Bestandspflege" oder gar besonderen Aktionen zu widmen, z. B. der Erstellung von Statistiken oder der fachlichen Fortbildung. Die Bildung und Besetzung zusätzlicher Aufgabengesamtheiten, die als Teilziele mit der Stellenbeschreibung erreicht werden sollten, erhielten damit erneute Dringlichkeit.

Zweitens wurde durch die Antworten der Mitarbeiter deutlich, daß sie zukünftig mehr Handlungsfreiheit sowie umfassendere und klarere Informationen wünschten. Insbesondere wollten sie auch an der Bearbeitung von Spezialproblemen stärker beteiligt und über Gesamtzusammenhänge, die ihr relativ enges Aufgabengebiet überschreiten, unterrichtet werden.

Zum Abschluß der Beurteilung des IST-Ergebnisses wurden alle Anregungen gesammelt und gesondert schriftlich festgehalten, um sie bei der weiteren Erarbeitung berücksichtigen zu können.

5.5.3. Vorgabe des SOLL-Zustandes

Die Stellenbeschreibung baut im wesentlichen auf zwei Informationskomplexen auf. Da sie in die Zukunft gerichtet ist und in der Zeit nach ihrer Inkraftsetzung zu Organisationsverbesserungen führen soll, wäre es natürlich völlig unzureichend, sich mit einer reinen Beschreibung vorhandener Sachverhalte zu begnügen. Sie benötigt also auch ein normatives Element. Es wird dadurch geschaffen, daß die Abteilungs- (bzw. Geschäfts-) Leitung ihrerseits formuliert, wie nach ihren Vorstellungen jede zu beschreibende Aufgabengesamtheit zukünftig gestaltet und organisatorisch eingegliedert werden soll. Dies hat ganz unabhängig von den augenblicklich vorhandenen Verhältnissen bzw. Regelungen zu geschehen. Obwohl also hiermit ein gewisser "Idealzustand" konzipiert und dabei bewußt über die vorhandenen IST-Ergebnisse hinausgegangen werden soll, dürfen die Überlegungen jedoch keinen utopischen Vorstellungen unterliegen, deren Realisation von vornherein ausgeschlossen ist.

In unserem Falle wurde methodisch folgendermaßen vorgegangen:

Wir fertigten für jede Stelle nochmals den gleichen Fragebogen wie zur Erhebung des IST-Zustandes an, mit Ausnahme der Frage 15. Die Antworten erteilten jetzt allerdings nicht die Stelleninhaber, sondern die Abteilungsleitung. Letztere sollte Auskunft darüber geben, wie sie sich den anzustrebenden SOLL-Zustand der ihr untergebenen (sowie ihrer eigenen) Stellen vorstellte. Bei den Antworten war darauf zu achten, daß dabei klare aufbauorganisatorische Regelungen und unmißverständliche Aufgabenstellungen vorgegeben wurden. Innerhalb dieser Phase ergab sich jedoch noch ein besonderes Problem. Die bereits ausgewerteten Materialien des IST-Ergebnisses hatten, wie bereits angedeutet, zu der Feststellung geführt, daß weitere Stellen benötigt werden. Bisher war man sich allerdings nur über deren Zahl von vier einig. Die Abteilungsleitung hatte daher nicht nur die Aufgabe, die oben erwähnten Fragebogen für bereits v o r h a n d e n e Stellen auszufertigen. Sie mußte vielmehr auch in gleicher Weise festlegen, welcher SOLL-Zustand für die zu schaffenden Aufgabengesamtheiten von ihr gewünscht wurde. Damit war gleichzeitig ein Schritt zur B i l d u n g von Planstellen getan, die ja ebenfalls innerhalb der Stellenbeschreibungsaktion vorgesehen war.

Auf die Vorgabe des SOLL-Zustandes haben die mit der Erarbeitung der Stellenbeschreibung betrauten Personen keinen inhaltlichen Einfluß. Auch hier sorgen sie - ebenso wie bei der Erhebung des IST-Zustandes - lediglich für die Gewinnung der Informationen, die zur weiteren Arbeit benötigt werden.

5.5.4. Der SOLL-IST-Vergleich

Für die Stellenbeschreibung liegen nun zwei Informationskomplexe vor, die sich in drei Element aufgliedern lassen. Dem erfaßten IST-Zustand stehen die von den Stelleninhabern gemachten SOLL-Vorschläge sowie die SOLL-Vorgabe der Abteilungsleitung gegenüber.

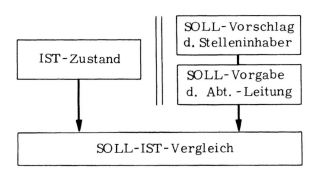

Abb. 3: Drei Informationselemente der Stellenbeschreibung

Diese Element sind zunächst auf übereinstimmende Punkte zu überprüfen. (Dies ist zunächst wieder ausschließlich die Aufgabe der mit der Stellenbeschreibung beauftragten Person(en).) Sind solche in allen drei Teilkomplexen vorhanden, so können sie unmittelbar in die Stellenbeschreibung übernommen werden, da von ihnen keine weiteren Schwierigkeiten zu erwarten sind. In unserem Fall konnten ca. 60 % aller Einzelfragen auf diese Weise erledigt werden.

Probleme entstehen aber dort, wo zwischen den drei Informationselementen Unterschiede bestehen. Dabei ist es möglich, daß jeweils zwei Elemente untereinander gleich, gegenüber dem dritten aber ungleich sind, oder daß alle drei Unterschiede aufweisen.

Vereinfacht dargestellt sind also folgende Variationen denkbar:

1. $IST = SOLL_1 \neq SOLL_2$
2. $IST = SOLL_2 \neq SOLL_1$
3. $IST \neq SOLL_1 = SOLL_2$
4. $IST \neq SOLL_1 \neq SOLL_2$

Die Einzelfragen, bei denen sich eine der obigen Konstellationen ergibt, sind vom Stellenbeschreibungsteam klar herauszuarbeiten und gegebenenfalls mit einer gutachtlichen Stellungnahme zu versehen.

Es wäre falsch anzunehmen, daß in diesen Fällen automatisch die in der SOLL-Vorgabe ($SOLL_2$) vorhandenen Regelungen für die Stellenbeschreibung zu übernehmen sind. Diese Divergenzen müssen vielmehr der Geschäfts- (bzw. Abteilungs-) Leitung zur **Entscheidung** vorgelegt werden. Dabei ist es denkbar, daß diese in bestimmten Fällen aus sachlichen oder personellen Gründen davon absieht, die Regelungen ihrer eigenen SOLL-Vorgabe als Anweisung in die Stellenbeschreibung übernehmen zu lassen. Es kann sein, daß sie zu dem Schluß gelangt, besser die von den Mitarbeitern gemachten Vorschläge einzuführen oder die Verhältnisse beim augenblicklichen Zustand zu belassen, weil keiner der beiden SOLL-Vorstellungen momentan zu realisieren ist.

Diese Entscheidungen sind für den weiteren Erfolg der Aktion Stellenbeschreibung unbedingt notwendig. Werden sie nicht getroffen, so wird das gesamte Vorhaben lahmgelegt. In unserem Beispiel legten wir die von uns erarbeiteten Zweifelsfälle in einem zweiten Gespräch der Abteilungsleitung vor. Sie hatte dabei über Einzelfragen zu entscheiden, die sich zusammengefaßt folgenden Problemkreisen zuordnen lassen:

- Eindeutige Festlegung der Über- und Unterstellungsverhältnisse
- Regelung von Zuständigkeiten der Vorgesetzten und damit

eventuell verbundene größere Handlungsfreiheiten der Untergebenen
- Unmißverständliche Formulierung bisher unklarer Aufgabenstellungen
- Besserer Informationsfluß
- Endgültige Fixierung der Aufgaben von neu zu bildenden Stellen

In den nach jeweiliger Diskussion getroffenen Entscheidungen wurden in mehreren Fällen die bisherigen Regelungen bestätigt und zur Einarbeitung in die Stellenbeschreibung vorgesehen. Bei den Fragen der größeren Handlungsfreiheit, des besseren Informationsflusses und der Arbeitsentlastung versuchte man weitgehend, die Wünsche der Mitarbeiter zu berücksichtigen. Für den verbleibenden Teil der Zweifelsfälle machte man die in der SOLL-Vorgabe der Abteilungsleitung konzipierten Vorstellungen zur Grundlage von Neuregelungen, die mit Einführung der Stellenbeschreibung in Kraft treten sollten.

Die Tatsache, daß sich hier sehr unterschiedlich zugunsten des IST-Zustandes, der SOLL-Vorgabe oder der Mitarbeitervorschläge entschieden wurde, entspricht ganz der Aufgabe des SOLL-IST-Vergleiches. Sie besteht nämlich darin, daß bei Fällen, in denen die drei Informationselemente kein kongruentes Ergebnis zeigen, versucht wird, sich für eine der drei Lösungen zu entscheiden oder aus allen eine Synthese zu bilden. Dabei sind die unterschiedlichen Möglichkeiten abzuwägen und dann Entscheidungen zu treffen, die als endgültige Regelungen in die Stellenbeschreibungen aufgenommen werden.

Mit dem SOLL-IST-Vergleich endet die Informationsphase, da nun alle Materialien für die Erstellung der Stellenbeschreibungen vorhanden sind. Die hierbei gewonnenen Unterlagen sind als Daten bei der weiteren Erarbeitung zu verwenden.

5.6. Die Erstellung der Stellenbeschreibungen

5.6.1. Anfertigung der provisorischen Stellenbeschreibungen

Die erfolgreiche Anfertigung von Stellenbeschreibungen hängt wesentlich von den Ergebnissen der Informationsphase ab. Wurde sie mit Gewissenhaftigkeit, Geduld und Sachkenntnis durchgeführt, so enthält die nun anschließende eigentliche Erstellung der Beschreibungen in der Regel keine unüberwindlichen Probleme mehr. Im Grunde geht es jetzt nur noch darum, die im SOLL-IST-Vergleich getroffenen Entscheidungen in einem ersten Stellenbeschreibungsentwurf zu fixieren.

Dabei liegt die Hauptarbeit in einer exakten Formulierung der aufzunehmenden Regelungen, da die getroffenen Entscheidungen meist nur sehr grob vorformuliert und deshalb zum Zwecke einer direkten Übernahme ungeeignet sind. Für die Stellenbeschreibung ist es aber notwendig, möglichst genau zu formulieren, da sie ja eindeutige Regelungen und klare Aufgabenstellungen enthalten soll. Deren Wert würde durch unklare oder zu umfassende Aussagen gemindert. Will man dies vermeiden, so ist es notwendig, hierfür einen gewissen Zeitaufwand bei der Erstellung in Kauf zu nehmen. In unserem Fall benötigten wir für die Anfertigung eines Stellenbeschreibungsentwurfes im Durchschnitt zwei Tage. Die einzelnen Zeiträume wichen jedoch mehr oder minder stark von diesem Mittelwert ab. Bei der Beschreibung von gleichartigen Parallelstellen konnte sie zwar meist auf die Hälfte herabgesetzt werden, erweiterte sich dann aber bei komplizierten Einzelstellen meist auf das Doppelte.

Die Anfertigung der Erstentwürfe machte es auch notwendig, endgültig festzulegen, welche äußere Form und inhaltliche Gliederung für die Stellenbeschreibung verwandt werden sollte. Wir entschieden uns dabei für das von uns in Absatz 3.2. dieser Arbeit entwickelte Schema, wobei allerdings auf einen Punkt verzichtet werden mußte. Schon bei der Zielsetzung für diese Aktion war festgelegt worden, daß keine Bewertungskriterien zur Leistungsbeurteilung aufgenommen werden sollten, um nicht die Kompetenzen einer anderen Abteilung zu tangieren, die sich z. Z. mit diesen Fragen beschäftigte. Damit entfiel der Punkt 11. des sonst unverändert übernommenen Schemas.

Besondere Probleme ergaben sich bei der Anfertigung der provisorischen Stellenbeschreibungen nicht.

5.6.2. Vorlage, Kontrolle und Korrektur der provisorischen Stellenbeschreibungen

In den meisten Fällen sind die provisorischen Stellenbeschreibungen mit den endgültigen identisch. Dennoch darf nicht darauf verzichtet werden, die Entwürfe nochmals allen Beteiligten vorzulegen und einer kritischen Durchsicht zu unterziehen. Die Ansicht, daß dies überflüssig sei, weil im Rahmen der Informationsphase jeder ausreichend Gelegenheit gehabt hätte, seine Meinung zu artikulieren, ist nicht richtig. Es ist nämlich ein Unterschied, ob zu einzelnen Punkten eines Fragebogens Stellung genommen wird oder zu dem Gesamtbild, welches sich aus den angefertigten Stellenbeschreibungsentwürfen ergibt.

Bei der Vorlage unserer provisorischen Beschreibungen ging es bezüglich der Mitarbeiter hauptsächlich darum, sie mit den Entscheidungen der Abteilungsleitung vertraut zu machen, insbesondere im Hinblick auf getroffene Neuregelungen. Änderungswünsche waren auch hierbei noch möglich, konnten aber nur dann wirksam werden, wenn sie den von der Abteilungsleitung gefällten Grundsatzentscheidungen nicht zuwiderliefen. Der Unterredung mit den Stelleninhabern kam daher überwiegend psychologische Bedeutung zu. Man kann nämlich davon ausgehen, daß sie eher bereit sein werden, das neue Instrumentarium zu akzeptieren und seine Regelungen zu begrüßen, wenn sie das Gefühl erhalten, aktiv an der Schaffung ihrer eigenen Stellenbeschreibung mitgearbeitet zu haben.

Die Vorlage der Entwürfe bei der **Abteilungsleitung** hatte andere Gründe. Da sie den Inhalt der Stellenbeschreibungen verantworten muß, war es notwendig, daß sie ihn vor seiner endgültigen Fassung kontrolliert, ihn gegebenenfalls abändert bzw. genehmigt. Dabei wurden gegenüber den im SOLL-IST-Vergleich getroffenen Entscheidungen keine grundlegenden Änderungen mehr vorgenommen. Trotzdem ergaben sich auf Grund der provisorischen Stellenbeschreibungen einige andere Perspektiven, da sie sich ja formell und materiell anders darstellten als die seinerzeit vorhandenen Fragebogen. Aus diesem Grunde wurden auf Wunsch der Abteilungsleitung in einem letzten Gespräch mit dem Innendienstleiter einige Veränderungen vorgenommen. Auf kleinere Umstellungen in der Formulierung oder bezüglich nicht elementarer Einzelregelungen soll hier nicht bis ins Detail eingegangen werden.

Zwei bedeutendere materielle Änderungen wollen wir allerdings kurz erwähnen. Bei der Festlegung der Vertretungsverhältnisse sollte, nach Meinung der Abteilungsleitung, nur die jeweilige Stelle und ein Hinweis auf die Art der Vertretung(1) angegeben werden. Für die in den Entwürfen vorhandenen Regelungen über den Inhalt der Vertretung wollte man einen gesonderten Plan aufstellen. Ähnlich entschied man sich bei den in der Abteilung sehr differenzierten Unterschriftsvollmachten. Sie sollten auch weiterhin in einem Einzelplan enthalten sein. Ein entsprechender Verweis in den Beschreibungen macht

---

1) D.h., ob es sich dabei um eine volle oder nur teilweise Vertretung handelt.

ihn aber zu einem ihrer Bestandteile. Diese beiden Teilpläne mußten deshalb ausgegliedert werden, weil sie zu einer übergroßen Ausweitung der einzelnen Stellenbeschreibungen geführt hätten.

5.6.3. Anfertigung der endgültigen Stellenbeschreibungen

Die bei der Vorlage der Entwürfe aufgenommenen Änderungswünsche sind nunmehr in die Stellenbeschreibungen einzuarbeiten. Die danach vorliegenden endgültigen Fassungen unterliegen einer abschließenden Kontrolle des mit der Stellenbeschreibung Beauftragten. Sie bietet nach unserer Meinung die Möglichkeit zu prüfen, ob die gesetzten Ziele mit der Aktion erreicht wurden. Dies ist an dieser Stelle zwar noch nicht abschließend möglich, weil erst die zukünftige praktische Handhabung über die Zielerreichung der Stellenbeschreibung entscheiden muß. Dennoch können wir in unserem Falle schon jetzt folgendes feststellen(1):

- Die bisher vorhandenen organisatorischen Hilfsmittel der Abteilung sind vollständig durch die Stellenbeschreibung ersetzt worden und können außer Kraft gesetzt werden.

- Die Aufbauorganisation ist nun schriftlich festgelegt. Bei der Vorlage der Entwürfe wurde von allen Beteiligten bestätigt, daß die Über- und Unterstellungsverhältnisse jetzt eindeutig geregelt sind.

- Zwischen 80 und 90 % aller Tätigkeiten einer Stelle sind in der jeweiligen Beschreibung erfaßt; um deren klare Formulierung zum Zwecke der Aufgabenstellung wurde sich bemüht.

- Durch die Anfertigung der Beschreibungen wurden v i e r n e u e Stellen geschaffen. Es handelt sich dabei um jeweils einen Sachbearbeiter für Betrieb und Schaden, einen Leiter für die Schadengruppe und einen Spezialisten für den Außendienst. Damit wurde der mittelfristige Personalbedarf nicht nur quantitativ sondern auch qualitativ festgelegt, d.h. die Aufgabe der S t e l l e n b i l d u n g wurde erfüllt.

- Um die Besetzung der neuen Stellen ist man z.Z. bemüht. Bei der Abfassung der Annoncen wurde bereits auf die Beschreibungsentwürfe zurückgegriffen. Die Wirksamkeit der endgültigen Stellenbeschreibungen als Hilfsmittel zur Personalwerbung und -auswahl muß noch abgewartet werden.

---
1) Vgl. die Zielsetzungen in Abs. 5.1.

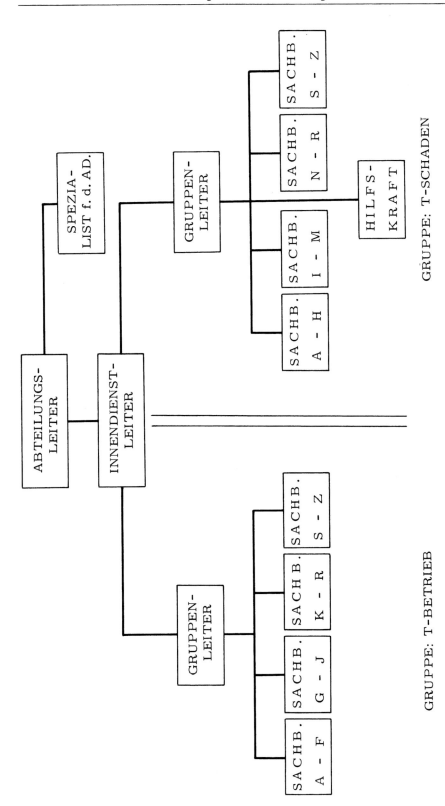

Abb. 4: Abteilungsschema nach Beendigung der Stellenbeschreibung

Die Anfertigung der endgültigen Stellenbeschreibungen ist damit nur noch ein schreib-technisches Problem. Mit seiner Lösung ist die Erstellung der Stellenbeschreibung beendet.

Das obige Schaubild zeigt die Stellenstruktur der Abteilung nach Abschluß der Beschreibungsaktion(1). Von den nunmehr vierzehn Stellen sind im Anhang sechs der von uns im Rahmen der Untersuchung erarbeiteten Stellenbeschreibungen im Original wiedergegeben.

5.7. Einführung und zukünftige Aktualisierung der Stellenbeschreibungen

Die Einführung der Stellenbeschreibungen erfolgt durch ihre Inkraftsetzung und Verteilung. Bei der Inkraftsetzung bestanden die Alternativen, sie entweder formlos mit Erreichung eines bestimmten Datums oder aber durch Leistung verschiedener Unterschriften vorzunehmen. In unserem Falle entschloß man sich für letztere Möglichkeit, um den offiziellen Charakter der Beschreibungen zu dokumentieren.

Der Kreis der Unterzeichner ist in der Literatur umstritten. Wir entscheiden uns für jeweils drei Signaturen. Die erste hatte in jedem Falle der Abteilungsleiter zu leisten, da er den Inhalt der Stellenbeschreibungen verantworten und die Wirksamkeit der darin enthaltenen Regelungen bestätigen muß. Zweitens unterzeichnete der Stelleninhaber die für seine Stelle gültige Beschreibung, um damit (mindestens) seine Kenntnis bzw. sein Einverständnis zu erklären(2). Schließlich unterschrieb noch der für Büro- und Personalangelegenheiten zuständige Prokurist des Hauses, da die Stellenbeschreibungen Bestandteile der von ihm geführten Personalakte werden sollen.

Die von einigen Autoren vorgeschlagene Unterschrift des Stellenbeschreibungsbeauftragten halten wir nur dann für sinnvoll, wenn er Angestellter des Betriebes und somit disziplinarisch unterstellt ist. Das war hier nicht der Fall und konnte deshalb unterbleiben.

Die anschließende Verteilung der Beschreibungen wurde analog der Unterschriftsleistungen vorgenommen. Dementsprechend behielt die

---
1) Vgl. dazu auch das Schaubild in Absatz 5.3. dieser Arbeit.
2) Die Stellenbeschreibungen wurden i. u. Falle damit nicht, wie SCHWARZ vorschlägt, Bestandteile des Arbeitsvertrages. Vgl. SCHWARZ, Horst: a. a. O., S. 259.

Abteilungsleitung das Original. Jeweils eine Kopie der ihn betreffenden Beschreibung erhielt der Stelleninhaber, ein weiteres Exemplar ging in seine Personalakte ein.

Mit der auf diese Weise vollzogenen Einführung der Stellenbeschreibung ist die Beschäftigung mit ihr zwar momentan, nicht aber für die Zukunft beendet. Zunächst kann es in der Anfangsphase ihrer praktischen Handhabung zu Schwierigkeiten kommen, die trotz intensiver Vorbereitungen und Überprüfungen z. Z. noch nicht abzusehen sind. Die hierdurch notwendigen Verbesserungen und Ergänzungen sind sofort durchzuführen, auch wenn dazu eine neue Grundsatzentscheidung der Unternehmensleitung notwendig sein sollte. In Anschluß an die in unserem Falle auf drei Monate festgelegte Einführungsphase sind alle Beteiligten verpflichtet, Änderungen und Wünsche schriftlich dem Innendienstleiter anzuzeigen. Nach einem längerem Zeitraum, wir wählten hierfür 18 Monate, sind die inzwischen eingegangenen Informationen zu überprüfen. Daraufhin muß die Abteilungsleitung entscheiden, ob die Veränderungen so gravierend sind, daß eine grundsätzliche Überarbeitung der Stellenbeschreibung erfolgen soll.

Es ist also heute schon abzusehen, daß in einigen Jahren wiederum eine Aktion, wie wir sie bis hierher durchgeführt und beschrieben haben, gestartet werden muß.

Mit aller Deutlichkeit müssen wir betonen, daß eine einmalige Anfertigung von Stellenbeschreibungen sinnlos ist. Sollen sie die von ihnen erwarteten Aufgaben erfüllen, so bedürfen sie einer permanenten Kontrolle und einer turnusmäßigen Überarbeitung. Wenn dies sichergestellt ist, wird sich die Abteilung auf Dauer erfolgreich der Vorteile und Möglichkeiten bedienen können, die ihr das neu geschaffene Instrument "Stellenbeschreibung" bietet.

6. Schlußbetrachtungen

Wir haben versucht, das Instrument "Stellenbeschreibung" in Theorie und Praxis vorzustellen, eigene Erfahrungen auszuwerten und praxisrelevante Anregungen zu geben.

Danach sind wir davon überzeugt, daß die von uns im theoretischen Teil ausführlich dargestellten Problemlösungen von der Stellenbeschreibung ohne weiteres auch tatsächlich ganz oder mindestens teilweise erbracht werden können. Sollen allerdings alle Anwendungsmöglichkeiten genutzt werden, so setzt dies "inhaltlich ideale" Stellenbeschreibungen voraus. Letztere zu erstellen ist, das zeigte uns der empirische Teil, ungeheuer schwierig, zeitraubend und kostspielig. Insbesondere die Untersuchung der Stellen zur Erfassung von Informationen bringt viele Probleme mit, von denen nur die wichtigsten erwähnt werden konnten. In diesem Zusammenhang ist wohl die primäre Erkenntnis, die wir gewonnen haben, daß die meisten Stellen sehr viel kompliziertere Gebilde sind, als man sich dies gemeinhin vorstellt. Wir behaupten sogar, daß es unmöglich ist, eine Stelle mit all ihren Aufgaben, Beziehungen, Zusammenhängen und Problemen bis ins letzte deskriptiv zu erfassen.

Aus diesem Grunde und um Zeit und Kosten zu sparen, ist es unverzichtbar, vor Beginn einer Aktion zur Beschreibung von Stellen klare Prioritäten bezüglich der Probleme zu setzen, die man damit zu lösen beabsichtigt.

Dieser auch von uns beschrittene Weg scheint ein gangbarer Kompromiß, da er es ermöglicht, bestimmte Punkte gar nicht oder geringer zu berücksichtigen, weil sie für die individuelle Zielsetzung unbedeutend sind. Werden sie dennoch aufgenommen, nur um dem Drang nach Vollständigkeit nachzukommen, so können sie sogar das Erreichen der Hauptziele stören. Derart perfektionistische Stellenbeschreibungen, wie sie in der Theorie denkbar sind, können in der Regel von der Praxis nicht erstellt werden. Es ist deshalb notwendig, durch individuelle Akzentuierung der Ziele eine vernünftige Relation von eingesetztem Aufwand und gewünschtem Ertrag zu finden.

Die Stellenbeschreibung ist in deutschen Unternehmen noch relativ wenig verbreitet. Daß sich dies zwangsläufig im Zuge der Erfüllung bestimmter Vorschriften des neuen Betriebsverfassungsgesetzes ändern wird, haben wir bereits angedeutet. Für die darin vorgeschriebene Personalplanung wird man immer häufiger auf das von uns untersuchte und dargestellte Hilfsmittel zurückgreifen müssen.

Doch selbst wenn man einmal von der gesetzlichen Anwendungsförderung absieht, so haben unsere Ausführungen sicher gezeigt, daß Stellenbeschreibungen in all den Betriebsbereichen von großem Nutzen sind, in denen eine exakte Erfassung von Aufgabengesamtheiten und Organisationsregelungen benötigt wird. Solche Erfordernisse ergeben sich so häufig, daß zwangsläufig immer mehr Unternehmen es als notwendig erachten werden, detaillierte schriftliche Aufzeichnungen über jede ihrer Stellen anzufertigen. Die damit zusammenhängenden Schwierigkeiten und Anforderungen sind bekannt und wurden auch von uns nicht bestritten sondern hervorgehoben.

Wenn jedoch gewährleistet ist, daß die Stellenbeschreibungen

- zielgerecht erarbeitet,
- sachgemäß angewendet und
- termingerecht überprüft bzw. aktualisiert

werden, so glauben wir, daß sich gerade diese Investitionen auf lange Sicht voll amortisieren werden.

Anhang

Verschiedene Stellenbeschreibungen

	STELLENBESCHREIBUNG	Blatt
FIRMA	I. Formeller Teil	Nr.:1

1. Deklaration der Stelle
   ====================

1.1. Bezeichnung der Stelle: Leiter der Abteilung Transportversicherung
1.2. Nr. der Stelle im Plan: 201
1.3. Dienstrang: Abteilungsleiter
1.4. Name des Stelleninhabers: z.Z. Herr ...

2. Eingliederung der Stelle in die Organisation
   ==

2.1. Abteilung: Transportversicherung
2.2. Gruppe: Gehört keiner Gruppe an
2.3. Leitungsbereich: Sachversicherung
2.4. Unmittelbarer Vorgesetzter: Der Geschäftsführer
2.4.1. Dessen Vorgesetzter: Der Vorstand
2.4.2. Stellvertreter des: In Sachen TV der Stelleninhaber unm. Vorgesetzen selbst
2.5. Untergeordnete Stellen: Der Innendienstleiter
                                         Der Spezialist
                                         Die beiden Gruppenleiter
                                         Die acht Sachbearbeiter
                                         Die Hilfskräfte der Abteilung
2.6. Beigeordnete Stellen: Keine

3. Vertretungsverhältnisse
   =====================

3.1. Aktive Vertretung: Bezüglich TV-Fragen den Geschäftsstellenleiter
                               Teilweise den Innendienstleiter
3.2. Passive Vertretung: Teilweise durch den Innendienstleiter
                                 Teilweise durch den Geschäftsführer

4. Ziel der Stelle:
   ==============

Ihm obliegt die Leitung der Abteilung in personeller und fachlicher Hinsicht. Er realisiert die ihm er-

Blatt

Nr.: 2

teilten Anweisungen zur Geschäftspolitik in seinem Verantwortungsbereich. Besondere Kundenkontakte werden von ihm unterstützt, veranlaßt, bzw. selbst durchgeführt. Entwickelt selbständig Perspektiven für die zukünftige Abteilungsarbeit und die Ausweitung des Prämienvolumens und ist nach Absprache mit seinen Vorgesetzten für die Verwirklichung verantwortlich.

5. Organisatorische Hinweise zur Stellenbeschreibung
===

5.1. Besondere Hinweise: Die Stellenbeschreibung ist nicht vertraulich oder geheim. Sie ist Bestandteil der Personalakte.
5.2. Anzahl der Blätter: 6
5.3. Nächster Überarbeitungstermin: 1.7.1973
5.4. Verteiler: Abteilungsleiter, Personalakte und Stelleninhaber je ein Exemplar
5.5. Unterschriften

Frankfurt/Main, 1. 1. 1972

Der Abteilungsleiter Der Stelleninhaber Der Personalleiter

FIRMA	STELLENBESCHREIBUNG	Blatt
	II. Inhaltlicher Teil	Nr.: 3

6. Allgemeine Aufgaben und Verantwortungen
==

6. 1. Sichtet die tägliche Post und gibt ggf. Anweisungen zu deren Bearbeitung.
6. 2. Überwacht die Arbeit der Abteilung gemäß den von ihm erteilten Anweisungen und den betreffenden Stellenbeschreibungen unter enger Hinzuziehung des Innendienstleiters.
6. 3. Hält auf eigen Anweisung und auf Ersuchen der Mitarbeiter fachliche Rücksprachen zu besonderen Fragen der Bearbeitung ab, insbesondere mit dem Innendienstleiter, dem Spezialisten und den Gruppenleitern.
6. 4. Übernimmt selbst außergewöhnliche Bearbeitungsfälle (nach eigener Entscheidung) mit Unterrichtung des Innendienstleiters.
6. 5. Unterrichtet den Innendienstleiter ferner über alle wichtigen Belange der Geschäftspolitik und des Geschäftsablaufes.
6. 6. Entscheidet über Annahme von Großpolicen und Abgabe von besonders umfang- bzw. risikoreichen Angeboten, insb. über deren Konditionen und Prämiensätze.
6. 7. Entscheidet über Beteiligungen und Mitversicherungen von Großpolicen.
6. 8. Wird über Großschäden unterrichtet und behält sich deren Bearbeitung bei besonderer Thematik, Größenordnung oder Kundenbeziehung selbst vor.
6. 9. Wird vom monatlichen Buchungsstand seiner Abteilung unterrichtet.
6. 10. Wird vom Innendienstleiter über die Ergebnisse der Abteilungsbesprechung unterrichtet.
6. 11. Veranlaßt die Erstellung von Statistiken und Berichten bzw. erstellt diese auf Anweisung der Geschäftsleitung.
6. 12. Betreut durch persönliche Besuche Großkunden mit und ohne Unterstützung des Außendienstes.
6. 13. Aquiriert Neuverträge insb. bei Firmenkundschaft. (Mit Unterstützung des Außendienstes oder selbständig.)
6. 14. Koordiniert den Einsatz des Spezialisten.
6. 15. Kontrolliert die Ausführungen der Revisionsanweisungen.

Blatt

Nr.: 4

6.16. Stelle in Koordination mit der Organisationsabteilung und der Geschäftsleitung das Aquisitionsziel der Abteilung auf und setzt hierfür die Akzente.
6.17. Ist im Rahmen des neuen Berufsbildungsgesetzes als "Ausbilder" für die Befolgung bzw. Erfüllung der hausinternen Schulung verantwortlich.
6.18. Entscheidet über Beteiligungen zwischen verschiedenen Geschäftsstellen.

7. Besondere Aufgaben
==================

7.1. Führt besondere Anweisungen zur Geschäftspolitik aus bzw. delegiert und überwacht deren Ausführung. Derartige Anweisungen können ihm von Fall zu Fall vom Geschäftsstellenleiter und vom Vorstand der Muttergesellschaft in Köln erteilt werden.
7.2. Setzt die Ziele der Abteilungspolitik unter Berücksichtigung der allg. Geschäftspolitik des Hauses und sorgt für deren Durchführung.
7.3. Trifft gemeinsam mit dem Büroleiter die personalpolitischen Entscheidungen seiner Abteilung.
7.4. Unter Mitwirkung des Innendienstleiters regelt er alle aufbau- und ablauforganisatorischen Fragen der Abteilung.
7.5. Nimmt nach Möglichkeit an der Tagung Frankfurter Transportversicherer teil.
7.6. Ist ständiges Mitglied der Abteilungsleiterbesprechung im Hause.
7.7. Nimmt an der Abteilungsleiter- und Transportversicherungstagung der Muttergesellschaft teil.
7.8. An weiteren Tagungen nimmt er regelmäßig auf Anweisung seines Vorgesetzten bzw. auf eigene Initiative teil.
7.9. Aus besonderem Anlaß hält er Schulungen und Vorträge auf Tagungen, Kongressen u. ä. über Themen aus seinem Aufgabenbereich.
7.10. Nimmt selbst an Fortbildungslehrgängen auf Anweisung seines Vorgesetzten und aus eigener Initiative teil.

Blatt

Nr.: 5

8. **Besondere Befugnisse**
====================

8.1. Dem derzeitigen Stelleninhaber, Herrn..., wurde mit Eintragung ins HR vom 1.7.1964 Gesamtprokura erteilt.
8.2. Er ist nicht an die offizielle Arbeitszeit des Hauses gebunden.
8.3. Der derzeitige Stelleninhaber ist seit 1.10.1969 Mitglied des Prüfungsausschusses für Versicherungskaufleute bei der IHK-Ffm.
8.4. Er unterschreibt mit seinem vollständigen Nachnahmen und dem Zusatz "p.p.a.". Die Unterschriftsregelungen sind im einzelnen rechtsgültig in dem Plan vom 1.2.71 festgelegt.

9. **Zusammenarbeit mit anderen Stellen**
==================================

9.1. Hält Kontakte zu den anderen Abteilungsleitern im Hause, bei der Muttergesellschaft, bei anderen Geschäftsstellen und Gesellschaften.
9.2. Hält Kontakt zur Geschäftsleitung im Hause und zum Vorstand in Köln.
9.3. Hält Kontakt zu Kunden und zum Außendienst, so wie unter 6. beschrieben.

10. **Anforderungsprofil der Stelle**
============================

Der Stelleninhaber hat folgende Voraussetzungen und Qualifikationen mitzubringen:
10.1. Abitur oder ein gleichwertiger Bildungsabschluß, der zu einem Studium berechtigt.
10.2. Abgeschlossenes Studium an einer Hoch- oder Fachhochschule der Fachrichtung Betriebswirtschaft, Volkswirtschaft oder Jurisprudenz. Anschließend mindestens 1 Jahr Hospitantenzeit bei einer Versicherungs-Gesellschaft.

Blatt

Nr.: 6

10.3. An Stelle eines Studiums ist nach obigem Schulabschluß auch eine Lehre als Versicherungskaufmann mit mind. "gut" abgeschlossener IHK-Prüfung und einer zehnjährigen Praxis bei einer Transportversicherungsgesellschaft möglich. Davon mehrere Jahre in gehobener Stellung (z.B. Gruppenleiter, stellv. Abt. Leiter u.ä.).
10.4. Fremdsprachenkenntnisse
10.5. Persönliche Neigung für die Vorgesetztentätigkeit, Verhandlungsgeschick, Entscheidungsfähigkeit, analytisches Denkvermögen und Menschenführung sind notwendig.

11. Besondere Hinweise
==================

Änderungen und Wünsche zur Stellenbeschreibung sind dem Innendienstleiter schriftlich mitzuteilen.

	STELLENBESCHREIBUNG	Blatt
FIRMA	I. Formeller Teil	Nr.: 1

1. Deklaration der Stelle
   =====================

   1.1. Bezeichnung der Stelle: Leiter des Innendienstes,
   stellv. Abteilungsleiter
   1.2. Nr. der Stelle im Plan: 202
   1.3. Dienstrang: Innendienstleiter
   1.4. Name des Stelleninhabers: z.Z. Herr ...

2. Eingliederung der Stelle in die Organisation
   ===

   2.1. Abteilung: Transportversicherung
   2.2. Gruppe: gehört keiner Gruppe an
   2.3. Leitungsbereich: Sachversicherung
   2.4. Unmittelbarer Vorgesetzter: Der Abt.-Leiter TV
   2.4.1. Dessen Vorgesetzter: Der Geschäftsführer
   2.4.2. Stellvertreter des: Z.T. der Stelleninhaber
   unm. Vorgesetzten Z.T. der Geschäftsführer
   2.5. Untergeordnete Stellen: Die beiden Gruppenleiter
   Die acht Sachbearbeiter
   Die Hilfskräfte der Abteilung
   2.6. Beigeordnete Stellen: Keine

3. Vertretungsverhältnisse
   ======================

   3.1. Aktive Vertretung: Den Gru.-Lei. T-Betrieb volle
   Vertretung
   Den Gru.-Lei. T-Schaden volle
   Vertretung
   Den Abt.-Lei. TV. teilw. Vertr.
   3.2. Passive Vertretung: Gegenüber T-Betrieb durch deren Gru.-Lei.
   Gegenüber T-Schaden durch deren Gru.-Lei.
   Für Angelegenheiten, die die Kompetenzen der Gruppenleiter überschreiten, durch den Abt.-leiter TV

Blatt

Nr.: 2

4. Ziele der Stelle:
   ===============

   Sicherung des reibungslosen Ablaufs aller Innendiensttätigkeiten in der Abt. gegenüber: den Kunden, den anderen Abt. im Haus, den anderen Gesellschaften und Geschäftsstellen. Veranlaßt und überwacht die sachgemäße Bearbeitung von Verträgen und Schäden, koordiniert und leitet die Arbeit der ihm unterstellten Gruppenleiter und Sachbearbeiter. Bereitet die Entscheidungen des Abt.-Leiters vor.

5. Organisatorische Hinweise zur Stellenbeschreibung
   ==

5.1. Besondere Hinweise: Die Stellenbeschreibung ist nicht vertraulich oder geheim. Sie ist Bestandteil der Personalakte.
5.2. Anzahl der Blätter: 6
5.3. Nächster Überarbeitungstermin: 1.7.1973
5.4. Verteiler: Abteilungsleitung, Personalakte und Stelleninhaber je ein Exemplar
5.5. Unterschriften:

Frankfurt/Main, 1.1.1972

Der Abteilungsleiter Der Stelleninhaber Der Personalleiter

FIRMA	STELLENBESCHREIBUNG	Blatt
	II. Inhaltlicher Teil	Nr.: 3

6. Allgemeine Aufgaben und Verantwortungen
==

6.1. Sichtet die tägliche Post und gibt ggf. Anweisungen zu deren Bearbeitung.

6.2. Überwacht die Arbeit der ihm unterstellten Mitarbeiter gemäß deren Aufgaben lt. Stellenbeschreibung, insbesondere bei Störungen im Geschäftsablauf.

6.3. Kontrolliert und unterschreibt den Postausgang der Mitarbeiter (siehe dazu Punkt 8.3. dieser StB.).

6.4. Hält auf eigene Anweisung und auf Ersuchen der Mitarbeiter fachliche Rücksprachen zu allen Fragen der Bearbeitung ab, insbesondere mit den Gruppenleitern.

6.5. Übernimmt selbst außergewöhnliche Bearbeitungsfälle in Abstimmung mit den Sachbearbeitern.

6.6. Unterrichtet seine Mitarbeiter über alle wichtigen Belange des Geschäftsablaufes.

6.7. Veranlaßt von Fall zu Fall von der Abteilung zu erstellende Statistiken, Bestandsmeldungen, Berichte, soweit diese nicht durch Gruppenleiter zu veranlassen sind.

6.8. Entscheidet über Annahme von Policen und Abgabe von Angeboten, insbesondere über deren Konditionen und Prämiensätze.

6.9. Entscheidet über Beteiligungen und Mitversicherungen.

6.10. Erhält Kenntnis aller Schäden, insb. zwischen 4.000 und 10.000 DM und hat für diese bedingt Regulierungsvollmacht. Bei Schäden über 10.000 DM informiert er den Abteilungsleiter.

6.11. Bereitet die monatliche Abteilungsbesprechung vor und leitet diese.

6.12. Hat folgende Statistiken und Berichte selbst anzufertigen: a) Sanierungserfolgsbericht, b) sämtliche für die Geschäftsleitung anzufertigende Berichte und Statistiken, c) den Kundeninformationsdienst.

6.13. Wird vom Abt.-Leiter an dessen Planungs- und Aquisitionstätigkeiten beteiligt und übernimmt auf Anweisung Teilkomplexe daraus in eigener Verantwortung.

6.14. Hat auf Weisung seines Vorgesetzten bzw. der Geschäftsleitung weitere Aufgaben zu erfüllen, die in sein Tätigkeitsfeld fallen oder ihm auf Grund seiner Kenntnisse und Fähigkeiten übertragen werden können.

Blatt

Nr.: 4

7. Besondere Aufgaben
==================

7.1. Macht dem Abt.-Leiter Vorschläge zur Personalpolitik und -beurteilung.
7.2. Soll an Einstellungsgesprächen teilnehmen bzw. führt diese selbst auf Anweisung oder in Vertretung des Abt.-Leiters.
7.3. Seine Meinung zu Personalfragen geht in die Entscheidungsfindung des Abt.-Leiters ein.
7.4. Führt die personalpolitischen Entscheidungen, soweit sie den Innendienst betreffen, durch.
7.5. Ist für die Einweisung und Betreuung der neu eingestellten Mitarbeiter zuständig.
7.6. Entscheidet über die Gewährung des Jahresurlaubes nach Rücksprache mit dem Abt.-Leiter. Über Urlaub bis zu drei Tagen entscheidet er selbst und unterrichtet den Abt.-Leiter davon.
7.7. Nimmt regelmäßig an der Tagung Frankfurter Transportversicherer teil.
7.8. Vertritt den Abt.-Leiter bei der Abt.-Leiterbesprechung, wenn dieser verhindert ist.
7.9. Nimmt an der Transportversicherungstagung der Muttergesellschaft teil.
7.10. Auf Anweisung des Geschäftsführers nimmt er an der Abteilungsleitertagung in Köln teil.
7.11. An weiteren Tagungen nimmt er unregelmäßig auf Anweisung des Abt.-Leiters teil.
7.12. Unterstützt den Abt.-Leiter auf dessen Anweisung als "Ausbilder" bei der Erfüllung des Berufsausbildungsgesetzes.
7.13. Von Fall zu Fall leitet er die Schulung der Volontäre und Lehrlinge im Haus.
7.14. Aus besonderem Anlaß hält er Fortbildungsschulungen für den Außendienst im Hause (z.B. bei Bedingungsänderungen oder Neuerungen).
7.15. Nimmt selbst an Fortbildungslehrgängen auf Anweisung des Abt.-Leiters teil.
7.16. Die mit dieser Stelle verbundene Handlungsvollmacht wird im Einzelfalle persönlich geregelt (siehe Abs. 8.1 der StB.).

Blatt

Nr.: 5

8. Besondere Befugnisse
====================

8.1. Dem derzeitigen Stelleninhaber, Herrn..., wurde mit Eintragung ins Handelsregister vom 1.12.1968 Handlungsvollmacht für die Abt.-Transportversicherung erteilt.
8.2. Wenn es seine Tätigkeit erfordert, ist er nicht unbedingt an die offizielle Arbeitszeit gebunden.
8.3. Er unterschreibt mit seinem vollen Nachnahmen und dem Zusatz "i.V.". Die Unterschriftsregelungen sind im einzelnen rechtsgültig in dem Plan vom 1.2.71 festgelegt.

9. Zusammenarbeit mit anderen Stellen
====================================

9.1. Aus der Innendiensttätigkeit heraus pflegt er, zur Unterstützung der Aquisition, Kontakte zu den Kunden.
9.2. Hält Kontakte zu den Abteilungsleitern im Haus, bei der Muttergesellschaft, bei anderen Geschäftsstellen und Gesellschaften.
9.3. Hält ggf. den Kontakt zur Geschäftsleitung, wenn der Abt.-Leiter verhindert ist oder die Situation es erfordert.
9.4. Wird am Monatsende von dem Buchungsstand der Abteilung unterrichtet und zeichnet die angefallenen Storni ab.

10. Anforderungsprofil der Stelle
=============================

Der Stelleninhaber hat folgende Voraussetzungen und Qualifikationen mitzubringen:
10.1. Abitur oder mittlere Reife.
10.2. Mindestens mit "gut" abgeschlossene IHK-Prüfung als Versicherungskaufmann.
10.3. Eigene Weiterbildung, vor allem zur Erlangung guter Kenntnisse im allgemeinen Transport- und Spediteur-

Blatt

Nr.: 6

wesen, Seetransportgeschäft, in nationalen und internationalen Handelskonditionen.

10.4. Mind. gute Englischkenntnisse, weitere Fremdsprachen (Franz., Spanisch) sind erwünscht.

10.5. Kenntnisse in allg. BWL und VWL, sowie im Privatrecht (insb. Haftpflicht- und Handelsrecht).

10.6. Mind. fünf Jahre Berufserfahrung (nach IHK-Prüfung) bei einer TV-Gesellschaft, davon mind. 1 Jahr in verantwortlicher Tätigkeit (z.B. Gruppenleiter).

10.7. Persönliche Neigung für die Vorgesetztentätigkeit, Entscheidungsfähigkeit, Initiative, Kostendenken, Gewandtheit im Auftreten, Verständnis für technische Fragen, insb. im Schadensektor, Bereitschaft zu persönlichem Einsatz bei unregelmäßigen und außergewöhnlichen Arbeitsanforderungen.

10.8. Möglichst Erfahrungen aus Tätigkeiten in einem Industrie- oder Speditionsbetrieb, sowie bei einem Versicherungsmakler.

11. Besondere Hinweise
==================

Der Stelleninhaber hat alle Veränderungen und Wünsche bezüglich seiner eigenen und aller anderen Stellen zu sammeln und bei der nächsten Überprüfung vorzulegen.

	STELLENBESCHREIBUNG	Blatt
FIRMA	I. Formeller Teil	Nr.: 1

1. Deklaration der Stelle
   ====================

   1.1. Bezeichnung der Stelle: Spezialist für den Außendienst
   1.2. Nr. der Stelle im Plan: 203
   1.3. Dienstrang: Spezialist
   1.4. Namen des Stelleninhabers: z. Z. Herr ...

2. Eingliederung der Stelle in die Organisation
   ===

   2.1. Abteilung: Transportversicherung
   2.2. Gruppe: Gehört keiner Gruppe an
   2.3. Leitungsbereich: Sachversicherung
   2.4. Unmittelbarer Vorgesetzter: Der Abteilungsleiter TV
   2.4.1. Dessen Vorgesetzter: Der Geschäftsführer
   2.4.2. Stellvertreter des: z. T. der Innendienstleiter
           unm. Vorgesetzten z. T. der Geschäftsführer
   2.5. Untergeordnete Stellen: Keine
   2.6. Beigeordnete Stellen: Keine

3. Vertretungsverhältnisse
   =======================

   3.1. Aktive Vertretung: In Abwesenheit des Abteilungsleiters übernimmt er teilweise dessen Außendiensttätigkeit in Absprache mit dem Innend.-Lei.
   3.2. Passive Vertretung: Teilweise durch den Innendienstleiter
           Teilweise durch den Gruppenleiter Betrieb
           Teilweise durch den Abteilungsleiter TV

4. Ziel der Stelle:
   ===============

   Die Förderung der Aquisition im Rahmen der Transportversicherung, einschließlich Nebensparten, durch

Blatt

Nr.: 2

selbständige Kontakte zu Versicherungsnehmern, sowie die fachliche Unterstützung des Außendienstes bei Kundengesprächen insb. zu Spezialfragen.

5. Organisatorische Hinweise zur Stellenbeschreibung
===

5.1. Besondere Hinweise: Die Stellenbeschreibung ist nicht vertraulich oder geheim. Sie ist Bestandteil der Personalakte.
5.2. Anzahl der Blätter: 5
5.3. Nächster Überarbeitungstermin: 1.7.1973
5.4. Verteiler: Abteilungsleitung, Personalakte und Stelleninhaber je ein Exemplar
5.5. Unterschriften:

Frankfurt am Main, 1.1.1972

Der Abteilungsleiter   Der Personalleiter

	STELLENBESCHREIBUNG	Blatt
FIRMA	II. Inhaltlicher Teil	Nr.: 3

6. Allgemeine Aufgaben und Verantwortungen
==

6.1. Sichtet die tägliche Post und entnimmt die für ihn bestimmten Schriftstücke.
6.2. Führt telephonisch und persönlich Gespräche mit Kunden und Interessenten zu allen Fragen der Transportversicherung einschl. Nebensparten. Diese Gespräche können lediglich beratenden Charakter haben oder auch zu Angebotsabgaben bzw. zum Vertragsabschluß führen.
6.3. Steht dem Außendienst zur Unterstützung und Beratung in Spezialfragen zur Verfügung. Besucht mit ihm gemeinsam Kunden zu gleichen Zwecken wie unter 6.2.
6.4. Vereinbart mit seinen Gesprächspartnern die Termine selbst.
6.5. Führt Besichtigungen und Risikoprüfungen mit schriftlichen Berichten durch und macht Vorschläge zur Vertragsgestaltung oder -veränderung.
6.6. Macht Marktbeobachtungen und Analysen die als Grundlage für eigene Vorschläge zur Absatzförderung dienen sollen.
6.7. Koordiniert gemeinsame Kontakte zu Kunden mit anderen Fachabteilungen und Geschäftsstellen.
6.8. Gibt entsprechend den Generalpolicen und den Marktbedingungen mündliche und schriftliche Angebote ab. Erteilt im Rahmen des Geschäftsplans Deckungszusagen.
6.9. Entwickelt Vorschläge zur Mit- und Rückversicherung der von ihm betreuten Verträge.
6.10. Unterrichtet den Innendienstleiter laufend über seine Tätigkeit und stimmt sich ggf. mit ihm ab.
6.11. Berichtet dem Abteilungsleiter einmal wöchentlich über seine Aktivitäten und bespricht mit ihm zukünftige Einsätze.
6.12. Der Abteilungsleiter, der Innendienstleiter, die Geschäftsführung sowie die Direktion in Köln können ihm Anweisungen zur Ausführung seiner Tätigkeiten geben.
6.13. Er kann durch eigene Initiative, auf Ersuchen des Außendienstes, der Organisationsabteilung, der anderen Fachabteilungen, der Sachbearbeiter und der Kunden tätig werden.

Blatt

Nr.: 4

7. Besondere Aufgaben
   ==================

7.1. Nimmt an den Tagungen des Außendienstes teil.
7.2. Auf Anweisung des Abteilungsleiters hält er selbst Schulungen und Vorträge ab.
7.3. Nimmt selbst auf Anweisung seines Vorgesetzten an Fortbildungslehrgängen teil.

8. Besondere Befugnisse
   ====================

8.1. Durch seine Tätigkeit ist er nicht an die offizielle Arbeitszeit des Hauses gebunden. Er hat aber einmal täglich das Büro anzurufen. Montags vormittags und freitags nachmittags hat er im Hause zu Gesprächen mit dem Abteilungsleiter bzw. dem Innendienstleiter zur Verfügung zu stehen.
8.2. Er unterschreibt mit seinem vollen Nachnamen und dem Zusatz "i. A.". Die Unterschriftsregelungen sind im einzelnen rechtsgültig in dem Plan vom 1.2.71 festgehalten.
8.3. Dem Stelleninhaber kann im Einzelfall Handlungsvollmacht erteilt werden.

9. Zusammenarbeit mit anderen Stellen
   ==================================

Ergibt sich sämtlich aus seiner Tätigkeitsbeschreibung wie unter 6. angegeben.

10. Anforderungsprofil der Stelle
    ============================

10.1. Abitur oder mittlere Reife.
10.2. Mindestens mit "gut" abgeschlossene IHK-Prüfung als Versicherungskaufmann.
10.3. Eigene Weiterbildung, vor allem zur Erlangung guter

Blatt

Nr.: 5

Kenntnisse im allg. Transport- und Spediteurwesen, in nationalen und internationalen Handelskonditionen.
10.4. Gute Englischkenntnisse, weitere Fremdsprachen sind erwünscht.
10.5. Kenntnisse in allg. BWL und VWL sowie im Privatrecht.
10.6. Mindestens fünf Jahre Berufserfahrung (nach IHK-Prüfung) bei einer TV-Gesellschaft, davon mind. 1 Jahr im Außendienst.
10.7. Persönliche Neigung für die Außendiensttätigkeit, Verhandlungsgeschick, sicheres Auftreten, Verständnis für betriebswirtschaftliche und technische Fragen anderer Wirtschaftszweige.

11. Besondere Hinweise
==================

Änderungen und Wünsche sind umgehend dem Innendienstleiter schriftlich mitzuteilen.

	STELLENBESCHREIBUNG	Blatt
FIRMA	I. Formeller Teil	Nr.: 1

1. Deklaration der Stelle
   ====================

1.1. Bezeichnung der Stelle: Leiter der Gruppe Transport-Betrieb
1.2. Nr. der Stelle im Plan: 211
1.3. Dienstrang: Gruppenleiter
1.4. Name des Stelleninhabers: z.Z. Herr ...

2. Eingliederung der Stelle in die Organisation
   ==

2.1. Abteilung: Transportversicherung
2.2. Gruppe: Betrieb
2.3. Leitungsbereich: Sachversicherung
2.4. Unmittelbarer Vorgesetzter: Der Innendienstleiter
2.4.1. Dessen Vorgesetzter: Der Abteilungsleiter
2.4.2. Stellvertreter des: z.T. der Stelleninhaber
       unm. Vorgesetzten z.T. der Abteilungsleiter TV
2.5. Untergebene Stellen: die vier Sachbearbeiter T-Betrieb
2.6. Beigeordnete Stellen: Keine

3. Vertretungsverhältnisse
   ======================

3.1. Aktive Vertretung: Den Innendienstleiter (teilweise)
     Die Sachbearbeiter seiner Gruppe
     (teilweise)
3.2. Passive Vertretung: Der Innendienstleiter (teilweise)
     Die Sachbearbeiter seiner Gruppe (teilweise)

4. Ziel der Stelle:
   =============
   Die Sicherstellung und Überwachung der ordnungsgemäßen Durchführung aller normalen Aufgaben der ihm unterstellten Sachbearbeiter. Koordiniert, leitet und kontrolliert deren Arbeiten.

Blatt

Nr.: 2

5. Organisatorische Hinweise zur Stellenbeschreibung
    ==

5.1. Raum für besondere Hinweise: Die Stellenbeschreibung ist nicht vertraulich oder geheim. Sie ist Bestandteil der Personalakte.
5.2. Anzahl der Blätter: 5
5.3. Nächster Überarbeitungstermin: 1.7.1973
5.4. Verteiler: Abteilungsleiter, Personalakte und Stelleninhaber je ein Exemplar
5.5. Unterschriften:

Frankfurt am Main, 1. 1. 1972

Der Abteilungsleiter   Der Stelleninhaber   Der Personalleiter

FIRMA	STELLENBESCHREIBUNG	Blatt
	II. Inhaltlicher Teil	Nr.:3

6. Allgemeine Aufgaben und Verantwortungen
==

6.1. Sichtet den täglichen Posteingang und sortiert ihn für die Verteilung an seine Sachbearbeiter vor. Dabei vermerkt er Bearbeitungshinweise und Rücksprachen auf der Korrespondenz.

6.2. Überwacht die Einhaltung von Rücksprachen. Nimmt Rücksprachen auf Initiative der Sachbearbeiter vor.

6.3. Steht den Sachbearbeitern zu allen Rückfragen zur Verfügung die von diesen an ihn gerichtet werden.

6.4. Bearbeitet außergewöhnliche Angelegenheiten aus eigener Initiative bzw. auf Anweisung des Innendienstleiters und des Abteilungsleiters selbst und unterrichtet den zuständigen Sachbearbeiter davon.

6.5. Überwacht die Einhaltung der Termine bei den Sachbearbeitern und in seinem eigenen Tätigkeitsbereich.

6.6. Wird von dem Stand der Buchungen unterrichtet, die in der Abteilung vorgenommen werden. Achtet insb. auf Stornobuchungen und erforscht deren Grund. Sind diese Buchungen in Ordnung, so zeichnet er sie ab.

6.7. Kontrolliert den Postausgang der Sachbearbeiter und unterschreibt bzw. zeichnet ihn ab. (Vgl. dazu Punkt 8.)

6.8. Gibt Deckungszusagen bzw. entscheidet über Ablehnung von Verträgen.

6.9. Kalkuliert Prämiensätze in eigener Verantwortung soweit keine Tarifprämien angewandt werden und es sich um Angebote bis zu einer Höhe von DM 3.000,- handelt.

6.10. Entscheidet über die Änderung von Vertragsbedingungen soweit nicht der grundsätzliche Bedingungscharakter geändert wird.

6.11. Besondere Dokumentierungen kann er sich selbst vorbehalten.

6.12. Entscheidet über Fragen der Beteiligung von anderen Geschäftsstellen bzw. Gesellschaften im Bereich der zur Zeichnung freigegebenen Sparten mit einem Limit von DM 3.000,- pro Vertrag.

6.13. Führt die Urlaubsliste der Gruppe.

6.14. Grundsätzliche Entscheidungen der Geschäftspolitik hat er nach den ihm gegebenen Richtlinien der Abteilungsleitung auszuführen bzw. deren Ausführung zu überwachen.

Blatt

Nr.: 4

7. Besondere Aufgaben
===================

7.1. Erstellt alle allgemeinen Verlaufs- und Produktionsstatistiken und Berichte.
7.2. Auf Anforderung der Abteilungsleitung und auf eigene Initiative verfaßt er Berichte und Notizen über verschiedene Themen aus seinem Tätigkeitsbereich.
7.3. Nimmt an der Abteilungsbesprechung teil.
7.4. Auf Anweisung des Innendienstleiters bzw. des Abteilungsleiters nimmt er Besuche bei Kunden zum Zwecke der Beratung, Besichtigung und Abschluß von Neuverträgen vor.
7.5. Übernimmt auf Anweisung des Innendienst- bzw. des Abteilungsleiters besondere Aktionen zur Neuaquisition bzw. Umstellung bestimmter Sparten des Bestandes.
7.6. Überwacht oder veranlaßt alle Berichte, Meldungen, Statistiken und Notizen seiner Gruppe an die Organisationsabteilung, bezüglich der Einhaltung von Terminen und der fachlichen Ausführung.
7.7. Insbesondere obliegt ihm die Überwachung der Abwicklung von Luftfahrtpolicen in Betrieb und Schaden. Hausinterne Koordinierung, Schulung, Beratung und Kundenbesuche im Zusammenhang mit dieser Sparte obliegen ihm ebenfalls.

8. Besondere Befugnisse
=====================

Er unterschreibt mit seinem vollen Nachnamen und dem Zusatz "i. A.". Die Unterschriftsregelungen sind im einzelnen rechtsgültig in dem Plan vom 1.2.71 festgelegt.

9. Zusammenarbeit mit anderen Stellen
===================================

9.1. Erhält Informationen und Unterlagen zur Bearbeitung von Transportversicherungsverträgen und Nebensparten von der Zentrale in Köln.
9.2. Weitere, nicht vertragsspezifische Unterlagen wie:

Blatt

Nr.: 5

Kriegsprämientabelle, Umrechnungskurse, Klassifikationsvorschriften, Rundschreiben etc. erhält er ebenfalls aus Köln und hat diese an die betreffenden Sachbearbeiter zu leiten.

9.3. Stimmt sich mit dem Gruppenleiter von T-Schaden ab und bespricht mit diesem Probleme von Verträgen aus der Sicht der Schadenabteilung und umgekehrt um Überschneidungen und Leerlauf zu vermeiden.

9.4. Steht mit den Gruppenleitern der anderen Fachabteilungen im Haus in Verbindung im Interesse gemeinsamer Koordination von Verträgen und Aktionen.

9.5. Unterstützt und berät den Außendienst und die Zweigstellen in allen Fragen seines Kompetenzbereiches.

9.6. Wird von der Abteilungs- bzw. Innendienstleitung über alle Fragen der Geschäftsabwicklung unterrichtet, soweit sie zur Ausübung seiner Tätigkeit notwendig sind.

10. Anforderungsprofil der Stelle
================================

10.1. Mittlere Reife (Handels- oder Mittelschule)

10.2. Durch IHK-Prüfung abgeschlossene Lehre als Versicherungskaufmann mit durchschnittlich befriedigendem Ergebnis.

10.3. Sprachkenntnisse, insb. Englisch, sind wegen internationalen Geschäftsbeziehungen erwünscht.

10.4. Kenntnisse in nationalen und internationalen Handelskonditionen, sowie im Spediteur- und Transportwesen sind notwendig.

10.5. Mindestens 3 Jahre Berufserfahrung nach IHK-Prüfung bei einer Transportversicherung oder einem anderen Sachversicherungszweig oder Industriebetrieb, sind erwünscht.

10.6. Fähigkeit und Bereitschaft zur Mitarbeiterführung und zur Übernahme besonderer Aufgaben, die eine normale Sachbearbeitertätigkeit übersteigen, muß der Stelleninhaber mitbringen.

11. Besondere Hinweise
======================

Änderungen und Wünsche sind umgehend dem Innendienstleiter schriftlich mitzuteilen.

	STELLENBESCHREIBUNG	Blatt
FIRMA	I. Formeller Teil	Nr.: 1

1. Deklaration der Stelle
   ====================

   1.1. Bezeichnung der Stelle: Sachbearbeiter für Transportversicherung und Nebensparten
   1.2. Nr. der Stelle im Plan: 212
   1.3. Dienstrang: Sachbearbeiter
   1.4. Name des Stelleninhabers: z.Z. Frau ...

2. Eingliederung der Stelle in die Organisation
   ==

   2.1. Abteilung: Transportversicherung
   2.2. Gruppe: Transport-Betrieb
   2.3. Leitungsbereich: Sachversicherung
   2.4. Unmittelbarer Vorgesetzter: Der Gruppenleiter T-Betrieb
   2.4.1. Dessen Stellvertreter: Der Innendienstleiter
   2.4.2. Dessen Vorgesetzter: Der Innendienstleiter
   2.5. Untergeordnete Stellen: Keine
   2.6. Beigeordnete Stellen: Zeitweise der Lehrling in der Abteilung

3. Vertretungsverhältnisse
   ======================

   3.1. Aktive Vertretung: Den Sachbearbeiter des Aufgabenbereiches S bis Z in der T-Betr. Gr. (teilweise)
   3.2. Passive Vertretung: Der Sachbearbeiter des Aufgabenbereiches S bis Z in der T-Betr. Gr. (teilweise)

4. Ziel der Stelle:
   ==============

   Die sach- und termingerechte Vearbeitung aller Versicherungsverträge aus der Transportversicherung, einschließlich Nebensparten, soweit die Anfangsbuch-

Blatt

Nr.: 2

staben der Kundenfirmen in den Bereich A bis F fallen. Die Bearbeitung umfaßt alle vertragsüblichen Belange, die für eine ordnungsgemäße Abwicklung des Versicherungsgeschäfts dieser Sparten notwendig sind.

5. Organisationshinweise zur Stellenbeschreibung
   ===

5.1. Besondere Hinweise: Die Stellenbeschreibung ist nicht vertraulich oder geheim. Sie ist Bestandteil der Personalakte.
5.2. Anzahl der Blätter: 6
5.3. Nächster Überarbeitungstermin: 1.7.1973
5.4. Verteiler: Abteilungsleitung, Personalakte und Stelleninhaber je ein Exemplar
5.5. Unterschriften:

Frankfurt am Main, 1. 1. 1972

Der Abteilungsleiter   Der Stelleninhaber   Der Personalleiter

	STELLENBESCHREIBUNG	Blatt
FIRMA	II. Inhaltlicher Teil	Nr.: 3

6. Allgemeine Aufgaben und Verantwortungen
==

6.1. Gibt unter Abstimmung mit dem Gruppenleiter Angebote ab.

6.2. Ist nach Annahmeentscheid des Innendienstleiters für die Ausfertigung der Versicherungsscheine verantwortlich.

6.3. Nimmt alle üblichen Vertragsänderungen ihrer Kunden vor. Als üblich werden dabei vornehmlich alle Änderungen angesehen, die wesentliche Neugestaltungen des Risikos, der Prämie, des Haftungsumfangs oder der sonstigen Vertragskonditionen hervorrufen.

6.4. Über derartige, außergewöhnliche Änderungen hält der Sachbearbeiter Rücksprache mit seinem Vorgesetzten und verfährt dann nach dessen Entscheidung.

6.5. Er errechnet die Prämien für die bei ihm sukzessive eingehenden Anmeldungen unter Einschluß der im Vertrag vorgesehenen Sonderrisiken.

6.6. Ist für die ordnungsgemäße und rechtzeitige Ausfertigung der Prämienrechnungen zuständig. Insb. ist dabei auf die Richtigkeit der für die Buchung notwendigen Daten zu achten.

6.7. Er fertigt die Zertifikate unter Beachtung der Akkreditivvorschriften aus. Insb. ist dabei seine Aufgabe, auf Abweichungen zwischen dem gewünschten und vereinbarten Haftungsumfang zu achten.

6.8. Bei fremdsprachlichen Zertifikaten ist er insbesondere für die korrekte Fassung der Schreibausfertigung verantwortlich.

6.9. Übernimmt die Bearbeitung und Abrechnung der Objekte von Großverträgen, die in seinen Bereich fallen.

6.10. Bereitet die Großfirmenbesprechung vor und übernimmt die Auswahl der offenen Objekte. Gleichzeitig sorgt er für die Vorbereitung der parallelen Schadenbesprechung.

6.11. Übernimmt die Anmeldekontrolle der von ihm betreuten Kunden. Gegebenenfalls mahnt er die Anmeldungen schriftlich oder telephonisch an und gibt dem Gruppenleiter davon Kenntnis, wenn innerhalb einer angemessenen Frist kein Eingang zu verzeichnen ist.

6.12. Bearbeitet fristgerecht die Terminangelegenheiten seines Bereiches.

Blatt

Nr.: 4

6.13. Überwacht die Verfallkartei, gibt die fälligen Karten an die Sachbearbeiter weiter, überwacht die Rückgabe und übernimmt im eigenen Betrieb die Bearbeitung der Fälligkeiten.
6.14. Nimmt die laut Vertrag vorgesehenen End- bzw. G+V-Abrechnungen vor.
6.15. Rechnet mit beteiligten Gesellschaften und Geschäftsstellen Prämienteilungen ab.
6.16. Gibt nach Rücksprache mit dem Gruppenleiter Deckungszusagen ab.
6.17. Fertigt Verträge und Nachträge aus, soweit diese übliche Vertragskonditionen dokumentieren.
6.18. Bespricht sich bei allen außergewöhnlichen Fragen mit dem Gruppenleiter bzw. dem Innendienstleiter.
6.19. Übernimmt auf Anweisung der Gruppen-, des Innendienst- und des Abteilungsleiters weitere Aufgaben, die in sein Tätigkeitsgebiet fallen und nach Kenntnissen und Fähigkeiten von ihm übernommen werden können.

7. Besondere Aufgaben
==================
7.1. Erstellt die Verlaufs- und Prämienstatistiken auf Anweisung des Gruppenleiters.
7.2. Vereinbart telephonisch die Termine für den Abteilungsleiter.
7.3. Vermittelt Telephongespräche für den Abt.-Leiter.
7.4. Auf Anweisung des Innendienstleiters übernimmt er zeitweise die Ausbildung des Lehrlings. Hierbei ist auf die Erfüllung des abteilungsinternen Schulungsplanes zu achten. Für die vom Lehrling übernommenen Teilaufgaben trägt der Stelleninhaber die Verantwortung.
7.5. Der Stelleninhaber nimmt an der monatlichen Abteilungsbesprechung teil.

8. Besondere Befugnisse
====================
Der Stelleninhaber unterschreibt mit seinem vollen Nachnamen und dem Zusatz "i. A.". Die Unterschriftsregelung ist im einzelnen rechtsgültig im Plan vom 1.2.71 festgelegt.

Blatt

Nr.: 5

9. Zusammenarbeit mit anderen Stellen
===================================

9.1. Erhält Unterlagen zu neuen Objekten von den Versicherungsabteilungen der Kundenfirmen und von der Abteilung "Montageversicherung" im Haus.
9.2. Erhält Vertrags- bzw. Abrechnungsunterlagen von Vers.-Nehmern, der Muttergesellschaft, anderen Geschäftsstellen und Gesellschaften.
9.3. Wird von der Buchhaltung über Mahnverfahren unterrichtet und erhält Kopien der Mahnschreiben.
9.4. Bekommt und gibt selbst Informationen zur Vertragsgestaltung von (an) die Abteilung "Transportversicherung" der Zentrale.
9.5. Erhält Rundschreiben, Informationsdienste, Akten- und Gesprächsnotizen von verschiedenen internen und externen Stellen.
9.6. Leitet Vertrags- bzw. Rechnungskopien an beteiligte Gesellschaften weiter.
9.7. Unterrichtet andere Abteilungen im Hause über Belange des Vertrages, wenn diese daran beteiligt sind.
9.8. Gibt Vertragsinformationen an das EDV-Zentrum in Köln und ruft von dort Informationen ab.
9.9. Neuverträge werden von ihm zur Aktenanlage an die zuständige Stelle gegeben. Anschließend läßt er die Akten in der Zentralkartei des Hauses erfassen.
9.10. Gibt und erhält Informationen über Aquisitionsvorgänge von (an) die Organisationsabteilung.

10. Anforderungsprofil der Stelle
===========================

10.1. Mittlere Reife oder sehr guter Hauptschulabschluß.
10.2. Lehre als Versicherungs- oder Speditions/Außenhandelskaufmann mit bestandener Abschlußprüfung vor der IHK.
10.3. Fremdsprachenkenntnisse (hauptsächlich Englisch) sind im Hinblick auf Zertifikatsbearbeitung erwünscht.
10.4. Kenntnisse der Buchführung einer Versicherungsgesellschaft.

Blatt

Nr.: 6

10.5. Gewandtheit bei der Verhandlung mit Kunden.
10.6. Möglichst zweijährige Berufserfahrung nach IHK-Prüfung.
10.7. Kostendenken, klares Beurteilungsvermögen von Dringlichkeiten und gute Auffassungsgabe sind Voraussetzung.

11. Besondere Hinweise
===================

Änderungen und Wünsche sind dem Innendienstleiter umgehend schriftlich mitzuteilen.

FIRMA STELLENBESCHREIBUNG Blatt

I. Formeller Teil Nr.: 1

1. Deklaration der Stelle
   ====================

1.1. Bezeichnung der Stelle: Sachbearbeiter für Transportversicherungsschäden und Nebensparten
1.2. Nr. der Stelle im Plan: 225
1.3. Dienstrang: Sachbearbeiter
1.4. Name des Stelleninhabers: z.Z. Herr ...

2. Eingliederung der Stelle in die Organisation
   ==

2.1. Abteilung: Transportversicherung
2.2. Gruppe: Transport-Schaden
2.3. Leitungsbereich: Sachversicherung
2.4. Unmittelbarer Vorgesetzter: Der Gruppenleiter T-Schaden
2.4.1. Dessen Stellvertreter: z.T. der Stelleninhaber
       z.T. der Innendienstleiter
2.4.2. Dessen Vorgesetzter: Der Innendienstleiter
2.5. Untergeordnete Stellen: Keine
2.6. Beigeordnete Stellen: Zeitweise der Lehrling der Abteilung

3. Vertretungsverhältnisse
   ======================

3.1. Aktive Vertretung: Den Sachbearbeiter des Aufgabenbereichs N bis R in der T-Schadengruppe (teilw.)
3.2. Passive Vertretung: Der Sachbearbeiter des Aufgabenbereichs N bis R in der T-Schadengruppe (teilw.)

4. Ziel der Stelle:
   ==============

Die sach- und termingerechte Bearbeitung aller Versicherungsschäden der Sparte Transportversicherung einschließlich der Nebensparten, soweit die Anfangs-

Blatt

Nr.: 2

buchstaben der Kundenfirmen in den Bereich <u>S bis Z</u> fallen. Ziel ist es, berechtigte Ansprüche zur Zufriedenheit der Kunden bzw. der Anspruchsteller zu regulieren, unberechtigte Ansprüche nach Maßgabe der gesetzlichen und bedingungsgemäßen Vorschriften abzulehnen.

5. Organisatorische Hinweise zur Stellenbeschreibung
==

5.1. Besondere Hinweise: Die Stellenbeschreibung ist nicht vertraulich oder geheim. Sie ist Bestandteil der Personalakte.
5.2. Anzahl der Blätter: 6
5.3. Nächster Überarbeitungstermin: 1.7.1973
5.4. Verteiler: Abteilungsleiter, Personalakte und Stelleninhaber je ein Exemplar
5.5. Unterschriften:

Frankfurt am Main, 1. 1. 1972

Der Abteilungsleiter Der Stelleninhaber Der Personalleiter

FIRMA STELLENBESCHREIBUNG Blatt

II. Inhaltlicher Teil Nr.: 3

6. Allgemeine Aufgaben und Verantwortungen
==

6.1. Aus der täglichen Eingangspost nimmt er den auf sein Aufgabengebiet entfallenden Anteil heraus. Zu bereits angelegten Schäden erfolgt die Zuordnung des Neueingangs durch ihn selbst.
6.2. Er diktiert die Antwortpost auf Platte und gibt diese an das zentrale Schreibbüro des Hauses weiter.
6.3. Neuschadenanalge wird durch ihn vorbereitet, indem er jede Akte mit seinem Namensstempel und der Schadenanmeldung unter Eintragung der Taxe sowie den Daten der Schadenursachenstatistik versieht. Zur Aktenanlage und Eintragung ins Schadenregister übergibt er den Vorgang an die Hilfskraft der Abteilung.
6.4. Er ist verpflichtet, die internen und externen Anweisungen für die Erstellung von Lochvorlagen gewissenhaft zu befolgen. Für durch Hilfskräfte übernommene Teilaufgaben ist er voll verantwortlich.
6.5. Er prüft die für ihn von der Hilfskraft angelegten Neuschäden bezüglich des Deckungsschutzes und ob die darin gestellten Ansprüche dem Grunde und der Höhe nach ersatzpflichtig sind.
6.6. Sind die beiden Prüfungen positiv und liegt der Schaden unter der Entschädigungshöhe von 4.000,- DM, so reguliert er den Schaden. Sind sie hingegen negativ, so lehnt er ihn bedingungsgemäß ab.
6.7. Liegt die Entschädigung über 4.000,- DM, so gibt er den Schaden der Zentrale in Köln mit der Bitte um Auszahlungsgenehmigung weiter. Erfolgt diese, so verfährt er wie unter Punkt 6.6.
6.8. Bei Schäden über 2.000,- DM beauftragt er, soweit generell vereinbart oder nach der Sachlage geboten, einen Sachverständigen, der auf seine Anweisung hin eine Schadenbesichtigung mit anschließendem Gutachten durchzuführen hat.
6.9. Auslandsschäden werden auf seine Veranlassung hin vom zuständigen Havariekommissar begutachtet und ggf. reguliert.
6.10. Bei Rechtsstreitigkeiten auf gerichtlicher Ebene hat er nach Rücksprache mit dem Innendienstleiter das

Blatt

Nr.: 4

zuständige Anwaltsbüro einzuschalten und mit der Prozessführung zu beauftragen.
6.11. Im Rahmen der von ihm vorgenommenen Schadenbearbeitung hat er auch mündliche bzw. telephonische Verhandlungen mit den Anspruchstellern zu führen.
6.12. Soweit es sich um Beteiligungen handelt, hat er die Verhandlungen mit den anderen Gesellschaften bzw. Geschäftsstellen zu führen.
6.13. Am Jahresende hat er die Schadenreserve zu bilden, d.h. einen DM-Betrag pro offenem Schaden anzusetzen, der im kommenden Geschäftsjahr voraussichtlich zu regulieren ist.
6.14. Sein Postausgang wird von ihm auf Richtigkeit und Termingerechtigkeit kontrolliert und abgezeichnet. Anschließend legt er die Ausgangspost dem Gruppenleiter zur Unterschrift vor.
6.15. Hält bei allen Fragen, die in der Höhe oder im Grunde seine Kompetenz überschreiten, Rücksprache mit seinem Vorgesetzten. Im Grunde übersteigen sie immer dann seinen Aktionsspielraum, wenn sie von den üblichen gesetzlichen und bedingungsgemäßen Vorschriften abweichen.
6.16. Er übernimmt auf Anweisung des Vorgesetzten weitere Aufgaben, die in sein Tätigkeitsgebiet fallen.

7. Besondere Aufgaben
==================

7.1. Erstellt die Schadenursachen-, Verlaufs- und Stückzahlenstatistiken auf Anweisung des Gruppenleiters.
7.2. Fertigt Berichte und Besichtigungsnotizen für die Betriebsgruppe über Erkenntnisse aus der Schadenbearbeitung und die Entwicklung bestimmter Policen an.
7.3. Übernimmt auf Anweisung des Innendienstleiters Schulungen der Lehrlinge und ggf. des Außendienstes.
7.4. Während der zeitweisen Zuteilung des Lehrlings werden diesem vom Stelleninhaber Arbeiten aus dem Tätigkeitsgebiet zugeteilt und durch letzteren auch überwacht. Er trägt auch die Verantwortung hierfür.
7.5. Er nimmt an der monatlichen Abteilungsbesprechung teil.

Blatt

Nr.: 5

7.6. Führt Regressbearbeitungen bis 500,- DM selbständig durch. Darüber hinaus ist er für die Übermittlung der Unterlagen, unter Beachtung der Vorschriften, an das zentrale Regressbüro verantwortlich. Bei allen Regressen achtet er besonders auf die Verjährung.

7.7. Von Fall zu Fall übernimmt der Stelleninhaber die Bearbeitung bzw. Übersetzung von Schadenfällen mit fremdsprachlicher Korrespondenz.

8. Besondere Befugnisse
===================

Er unterschreibt mit seinem vollen Namen und dem Zusatz "i.A.". Die Unterschriftsregelung ist im einzelnen rechtsgültig in dem Plan vom 1.2.71 festgehalten.

9. Zusammenarbeit mit anderen Stellen
================================

9.1. Er erhält zu Schadenakten von den Anspruchstellern (bzw. VN), anderen Abteilungen im Haus, anderen Geschäftsstellen und Gesellschaften Unterlagen zur Bearbeitung.

9.2. Darüber hinaus bekommt er Rundschreiben, Informationsdienste, Akten- und Gesprächsnotizen von verschiedenen internen und externen Stellen. (Wie unter 9.1.)

9.3. Gibt Zahlungsanweisungen an die Buchhaltung zur Auszahlung von Schäden weiter.

9.4. Er erhält von einer Hilfskraft die manuell angelegten Schadenakten.

9.5. Er muß bei der Deckungskontrolle u.U. Rücksprache mit dem zuständigen Vertragssachbearbeiter halten, um den Umfang des Versicherungsschutzes festzustellen.

9.6. Gibt Schadeninformationen an das EDV-Zentrum in Köln und ruft von dort selbst Informationen ab.

9.7. Er erhält Gutachten von Sachverständigen und Havariekommissaren.

Blatt

Nr.: 6

10. Anforderungsprofil der Stelle
  ============================

10.1. Mittlere Reife oder sehr guter Hauptschulabschluß
10.2. Lehre als Versicherungskaufmann oder Speditions/ Außenhandelskaufmann mit bestandener Abschlußprüfung von der IHK.
10.3. Fremdsprachenkenntnisse (hauptsächlich Englisch) sind im Hinblick auf Auslandsschäden und Korrespondenz mit Havariekommissaren erwünscht.
10.4. Technisches Verständnis um Schadenberichte und Gutachten verstehen zu können.
10.5. Gewandtheit bei der Verhandlung mit Anspruchstellern.
10.6. Rechtskenntnisse insb. Handels- und Versicherungsrecht.
10.7. Gute Kenntnisse in Geographie und internationaler Handelskunde.
10.8. Möglichst zweijährige Berufserfahrung nach IHK-Prüfung bei einem Transportversicherungsunternehmen, in einer Spedition oder einem Schadenbüro.

11. Besondere Hinweise
  ==================

Änderungen und Wünsche sind umgehend dem Innendienstleiter schriftlich mitzuteilen.

Literaturverzeichnis

ACKER, Heinrich: Die organisatorische Stellengliederung im Betrieb, 2. Aufl., Wiesbaden 1960.
ACKER, Heinrich: Organisationsanalyse-Verfahren und Technik praktischer Organisationsarbeit, 2. Aufl., Baden-Baden 1966.
ALBACH, Horst: Betriebsorganisation, in: Handbuch der Sozialwissenschaften (HdSW), hrsg. u. a. v. BECKER-RAT, BENTE, BRINKMANN, Stuttgart-Tübingen 1964.
ALLEN, Louis A.: Management und Organisation, Übersetzung aus dem Amerikanischen durch O. H. HANNES, Gütersloh 1958.
BELLINGER, Bernhard: Personalwesen, in: Handwörterbuch der Betriebswirtschaft, begründet von H. NICKLISCH, 3. Aufl. Bd. 3, Stuttgart 1960.
BENNET, C. L.: Defining the Manager's Job - The AMA Manual of Position Descriptions. AMA-Research-Study Nr. 33, New York 1958.
BERGER, Karl-Heinz: Organisationsplan und Dienstanweisungen, in: Organisation, TfB-Handbuchreihe, 1 Bd. hrsg. von SCHNAUFER und AGTHE, Berlin-Baden-Baden 1961.
BIDLINGMAIER, Johannes: Unternehmerziele und Unternehmerstrategien, Wiesbaden 1964.
BLEICHER, Knut: Grundsätze der Organisation, in: Organisation, TfB-Handbuch-Reihe, hrsg. von SCHNAUFER und AGTHE, Berlin-Baden-Baden 1961.
BLEICHER, Knut: Zentralisation und Dezentralisation von Aufgaben in der Organisation der Unternehmung, a. d. Rhe.: Betriebswirtschaftliche Forschungsergebnisse, hrsg. von KOSIOL und GROCHLA, Bd. 26, Berlin 1966.
BÖHME, Gisela: Das Gespräch als Führungsmittel bei einer Führung im Mitarbeiterverhältnis, in: Führung in der Wirtschaft, Festschrift zum zehnjährigen Bestehen der Akademie für Führungskräfte in der Wirtschaft (1956-1966), Bad-Harzburg 1966.
BÖHRS, Hermann: Arbeitsstudien in der Betriebswirtschaft, Wiesbaden 1967.
BÖHRS, Hermann: Organisation des Industriebetriebes, Wiesbaden 1963.
BRIMBERG, Annemarie: Aufbauorganisation der internen Revision in tiefgegliederten Unternehmungen und Konzernen, a. d. Rh.: Betriebswirtschaftliche Forschungsergebnisse, Bd. 18, hrsg. von KOSIOL und GROCHLA, Berlin 1962.
DAHRENDORF, Ralf: Sozialstruktur des Betriebes, a. d. Rhe.: Die Wirtschaftswissenschaften, hrsg. von GUTENBERG, Wiesbaden 1959.

DIRKS, Heinz: Betriebspsychologie, in: Handbuch der Psychologie, Bd. 9, Stichwort: Personalbeurteilung, Göttingen 1961.

DOMSCH, Michel; GABELIN, Thomas: Der Aufbau eines Systems zur Personaleinsatzplanung, in: ZfB, 41. Jahrgang, Nr. 1, 1971.

DWORAK, Wolfgang: Management in Europa und Amerika - Eine Analyse, Wiesbaden 1970.

EGLE, Karl; JUNGE, Rudolf; REUTHER, August: Rechnungswesen der Unternehmung, 2. Aufl., Wuppertal 1969.

EULER, Hans; STEVENS, Hans: Die analytische Arbeitsbewertung als Hilfsmittel zur Bestimmung der Arbeitsschwierigkeit mit besonderer Berücksichtigung der Fortschritte in der Mechanisierung, 4. Aufl., Düsseldorf 1965.

GAUGLER, Eduard: Instanzenbildung als Problem der betrieblichen Führungsorganisation, a. d. Rhe.: Betriebswirtschaftliche Schriften, Heft 19, Berlin-München 1966.

GOOSSENS, Franz: Das Handbuch der Personalführung - zugleich eine Einführung in die Betr.-Soz.-Lehre, München 1958.

GOOSSENS, Franz: Das Personalleiter-Handbuch - zugleich eine Einführung in die Betriebspersonallehre und die Betriebssoziallehre, 4. Aufl., München 1966.

GOOSSENS, Franz: Moderne Unternehmensleitung, München 1958.

GUTENBERG, Erich: Einführung in die Betriebswirtschaftslehre, a. d. Rhe.: Die Wirtschaftswissenschaften, Bd. 1, hrsg. von GUTENBERG, Wiesbaden 1958.

GUTENBERG, Erich: Unternehmensführung - Organisation und Entscheidung, a. d. Rhe.: Die Wirtschaftswissenschaften, Bd. 2, Wiesbaden 1962.

GUTENBERG, Erich: Grundlagen der Betriebswirtschaftslehre, Bd. 1, Die Produktion, 14. Aufl., Berlin-Heidelberg-New York 1968.

HARDACH, Fritz: Über die Verantwortung der Unternehmensleitung, in: Gegenwartsfragen der Unternehmensführung, Festschrift zum 65. Geb. von Wilh. HASENACK, hrsg. von ENGELEITER, Herne-Berlin 1966.

HÄUSLER, Jürgen: Grundfragen der Betriebsführung - Eine Analyse der Führungsprobleme in Wissenschaft und Praxis, Wiesbaden 1966.

HAX, Herbert: Lineare Planungsrechnung und Simplex-Methode als Instrumente betriebswirtschaftlicher Planung, in: ZfhF, NF, Jhg. 1960.

HAX, Karl: Der Mensch und seine Arbeitskraft als betrieblicher Produktionsfaktor, Antrittsrede des Rektors der Johann Wolfgang v. Goethe Universität, Ffm., in: Frankfurter Universitätsreden, Heft 26, Frankfurt am Main 1960.

HAX, Karl: Personalpolitik und Mitbestimmung, Köln und Opladen 1969.

HELLMANN, Wolfgang: Betriebswirtschaftliche und führungspolitische Aspekte der maschinellen Datenverarbeitung, in: Führung in der Wirtschaft, Bad Harzburg 1966.
HENDRIKSON, Kurt H.: Rationelle Unternehmensführung in der Industrie, Wiesbaden 1966.
HENNIG, Karl Wilhelm: Betriebswirtschaftliche Organisation, 4. Aufl., Wiesbaden 1965.
HENTZE, Joachim: Funktionale Personalplanung, Frankfurt am Main 1969.
HÖHN, Reinhard: Führungsbrevier der Wirtschaft, a. d. Rhe.: Menschenführung und Betriebsorganisation, Bd. 6, Bad Harzburg 1966.
HÖHN, Reinhard: Der Wandel im Führungsstil der Wirtschaft, in: Führung in der Wirtschaft, Bad Harzburg 1966.
HÖHN, Reinhard: Stellenbeschreibung und Führungsanweisung, a. d. Rhe.: Menschenführung und Betriebsorganisation, Bd. 7, Bad Harzburg 1971.
JUNGBLUTH, Adolf: Die Bewertung von Angestelltentätigkeiten, in: Gewerkschaftliche Monatshefte, Nr. 3, 1953.
KALVERAM, Wilhelm: Kostenrechnung, a. d. Rhe.: Industrielles Rechnungswesen, Bd. 3, 6. Aufl., Wiesbaden 1968.
KELLER, Peter: Leistungs- und Arbeitsbewertung, 2. Aufl., Köln 1950.
KELLER, Peter: Grundfragen der Arbeitsbewertung, 2. Aufl., Köln 1949.
KILGER, Wolfgang: Produktions- und Kostentheorie, a. d. Rhe.: Die Wirtschaftswissenschaften, hrsg. von GUTENBERG, Wiesbaden 1958.
KLAUS, Georg: Wörterbuch der Kybernetik, Bd. 1, Stichwort: Datenverarbeitung, Frankfurt am Main 1969.
KNOBLAUCH, Helmut: Was jeder Manager von der Datenverarbeitung wissen sollte, in: Die neuen Managementtechniken, 2. Aufl., 1968.
KÖNIG, Rene: Soziologie, a. d. Rhe.: Enzyklopädie des Wissens, Bd. 10, 2. Aufl., Frankfurt am Main 1969.
KOONTZ, Harold; O'DONNELL, Cyrill: Principles of Management, New York-Toronto-London 1955.
KORNDÖRFER, Wolfgang: Allgemeine Betriebswirtschaftslehre, Wiesbaden 1970.
KOSIOL, Erich: Organisation der Unternehmung, a. d. Rhe.: Die Wirtschaftswissenschaften, hrsg. v. GUTENBERG, Wiesbaden 1962.
Arbeitskreis KRÄHE: Unternehmensorganisation, Veröffentlichung der SCHMALENBACH-Gesellschaft, 4. Aufl., Köln und Opladen 1964.
LIERTZ, Rolf: Die neuen Management-Techniken zur Systematisierung und Vereinfachung von Aufgaben des Managers, in: Die neuen Management-Techniken, 2. Aufl., München 1968.

LINHARDT, Hanns: Grundlagen der Betriebsorganisation, a. d. Rhe.: Betriebsw. Bibliothek, hrsg. v. HASENACK, Essen-Berlin 1954.

LÖFFELHOLZ, Josef: Repetitorium der Betriebswirtschaftslehre, 3. Aufl., Wiesbaden 1970.

MELLEROWICZ, Konrad: Unternehmenspolitik, 3 Bde., Berlin-Freiburg 1963.

NEUBERT, Helmut: Internal Control - Kontrollinstrument der Unternehmensführung, Düsseldorf 1959.

NORDSIECK, Fritz: Rationalisierung der Betriebsorganisation, 2. Aufl., Stuttgart 1955.

NORDSIECK, Fritz: Betriebsorganisation - Lehre und Technik, Textband, Stuttgart 1961.

NORDSIECK, Fritz: Betriebsorganisation - Lehre und Technik, Tafelband, Stuttgart 1961.

NORDSIECK, Fritz: Die schaubildliche Erfassung der Betriebsorganisation, 6. Aufl., Stuttgart 1962.

NUTZHORN, Horst: Leitfaden der Personalbeurteilung, in: Schriftenreihe des RKW, Frankfurt am Main 1965.

OESCH, E. (Hrsg): Kompetenzbereiche und andere Betriebsprobleme, in: Briefe an den Chef, 32. Jahrg., 2. Brief im Oktober 1964, Nr. 1477, Thalwil-Zürich 1964.

PAASCHE, Johannes: Die Praxis der Arbeitsbewertung, 3. Aufl, Köln 1966.

POTTHOFF, Erich: Die Unternehmensleitung, in: Handbuch der Wirtschaftswissenschaften (HdW), Bd. 1 BWL, hrsg. v. HAX und WESSELS, Köln und Opladen 1966.

POTTHOFF, Erich: Die Organisation des Personalwesens in der industriellen Unternehmung, in: ZfhF, 1969.

POTTHOFF, Erich: Personalwesen, in: HdW, Bd. 1, Köln und Opladen 1966.

RÜEGG, Walter: Soziologie, a. d. Rhe.: Funk-Kolleg, Bd. 6, 1. Aufl, Frankfurt am Main 1969.

SCHMALENBACH, Eugen: Über die Dienststellengliederung im Großbetriebe, Veröff. der SCHMALENBACH-Gesellschaft, Bd. 29, Köln und Opladen 1969.

SCHNUTENHAUS, Otto R.: Allgemeine Organisationslehre, Berlin 1951.

SCHOECK, Helmut: Kleines soziologisches Wörterbuch, 2. Aufl., Freiburg-Basel-Wien 1970.

SCHWARZ, Horst: Arbeitsplatzbeschreibungen, 3. Aufl., Freiburg-Berlin 1970.

SCHWARZ, Horst: Organisationsprobleme expandierender Unternehmungen(unter besonderer Berücksichtigung der Probleme der Leitungsorganisation), in: Gegenwartsfragen der Unternehmensführung, Festschrift zum 65. Geb. v. Wilh. HASENACK, hrsg. von H. J. ENGELEITER, Herne-Berlin 1966.

SELLIEN, Rudolf; SELLIEN, Helmut (Hrsg): Dr. Gablers Wirtschaftslexikon, 2 Bde., 7. Aufl., Wiesbaden 1967.
STAEKLE, Robert: Anpassung der Organisationsstruktur an den Menschen, in: Betriebswirtschaftliche Mitteilungen, Heft 10, Bern 1960.
STEIGERWALD, Heinrich: Die neuen Management-Techniken der betrieblichen Planung und Kontrolle, in: Die neuen Management-Techniken, 2. Aufl., München 1968.
TAYLOR, Frederik W.: Shop Management, New York 1903.
TENBRUCK, Friedrich H.: Über soziale Gebilde, in: Wissenschaft und Gesellschaft, Einführung in das Studium der ... Soziologie, hrsg. von KADELBACH, a. d. Rhe.: Funk-Kolleg, Bd. 1, Frankfurt am Main 1967.
ULRICH, Hans; STAERKLE, Robert: Verbesserung der Organisationsstruktur von Unternehmungen, in: Betriebswirtschaftliche Mitteilungen, Heft 6, Bern 1959.
ULRICH, Hans: Willensbildung in der Unternehmung - Betrachtungen zur Willensbildung in der Unternehmensorganisation, in: Betriebswirtschaftliche Mitteilungen, Heft 1, Bern 1958.
ULRICH, Hans: Betriebswirtschaftliche Organisationslehre, Bern 1949.
ULRICH, Hans: Führungskonzeption und Unternehmensorganisation, in: Beiträge zur Lehre von der Unternehmung, Festschrift zum 70. Geburtstag von Karl KÄFER, Stuttgart 1969, hrsg. v. ANGEHRN und KÜNZI, Stuttgart 1969.
WEBER, Karl: Langfristige Planung in der Unternehmung, in: Beiträge von der Lehre zur Unternehmung, Festschrift zum 70. Geburtstag von Karl KÄFER, hrsg. von ANGEHRN und KÜNZI, Stuttgart 1969.
WIBBE, Josef: Entwicklung, Verfahren und Probleme der Arbeitsbewertung, a. d. Rhe.: Grundlagen und Praxis des Arbeits- und Zeitstudiums, Bd. 6, hrsg. v. BRAMESFELD, EULER, PENTZLIN, München 1953.
WILL, Hartmut: Moderne Unternehmensführung, in: ZfB, 40. Jahrgang, 1970.
WITTE, Eberhard: Analyse der Entscheidungen - organisatorische Probleme eines geistigen Prozesses, in: Organisation und Rechnungswesen, Festschrift für Erich KOSIOL, Berlin 1964.
WÖHE, Günter: Einführung in die allgemeine Betriebswirtschaftslehre, 9. Aufl., Berlin und Frankfurt am Main 1969.